욥기 - 말라기

하나님의 말씀

하나님의 말씀 02

이영훈 지음

초판 1쇄 발행 2011년 8월 26일
초판 15쇄 발행 2025년 9월 12일

발 행 인 이영훈
발 행 처 서울말씀사

출판등록 제2016-000172호
주 소 서울시 영등포구 은행로 55, 5층
전 화 02-846-9222
팩 스 02-846-9225

02 욥기 - 말라기

하나님의 말씀

이영훈 지음

서울말씀사

머리말

죄인이 회개하고 예수 그리스도를 구주로 영접하면 구원을 받고 하나님의 자녀로 거듭나게 됩니다. 한 아기가 태어나면 음식을 먹음으로써 성장해 가는 것처럼 거듭난 하나님의 자녀도 말씀을 먹어야 영적으로 자라게 됩니다. 사도 바울은 말씀을 통한 영적 성장의 필요성을 "너희는 이 세대를 본받지 말고 오직 마음을 새롭게 함으로 변화를 받아 하나님의 선하시고 기뻐하시고 온전하신 뜻이 무엇인지 분별하도록 하라"(롬 12:2)는 권면을 통해 강조하고 있습니다.

하나님의 말씀 속에는 사람을 변화시키고 치료하는 놀라운 능력이 담겨 있습니다. 우리의 믿음은 말씀을 들을 때 자랍니다(롬 10:17). 우리의 믿음이 하나님의 말씀 위에 뿌리내리고 말씀과 동행하면서 살아갈 때 삶 가운데 하나님께서 예비하신 오중복음과 삼중축복의 은혜가 넘쳐나게 됩니다.

하나님의 말씀과 동행하기 위해서는 첫째, 하나님의 말씀을 들어야 합니다. 둘째, 말씀을 매일 읽어야 합니다. 셋째, 말씀을 체계적으로 공부해야 합니다. 넷째, 말씀을 암송해야 합니다. 다섯째, 말씀을 깊이 묵상해야 합니다. 이처럼 말씀을 듣고, 읽고, 공부하고, 암송하고, 묵상할 때 삶 가운데 하나님의 은혜가 임하고 삶의 변화를 경험하게 될 것입니다. 특별히 말씀을 체계적으로 공부하는 것은 우리의 신앙생활에 큰 유익이 됩니다. 말씀을 통해 우리는 예수님의 참된 제자로 하나님의 뜻을 분별하고 의와 불의를 분별하는 지식을 얻을 수 있으며, 하나님을 좀 더 배우고, 알아가며, 닮아가게 됩니다.

새롭게 개정된 본 성경학교 교재는 기존의 교재보다 분량은 줄었으나 내용면에서 간결하고 명료하게 제작되었습니다. 본 교재를 통해서 성도님들은 보다 분명하고 명확하게 성경에 대한 체계적인 지식을 습득할 수 있을 것이고, 성경 66권에 대한 전반적인 내용을 배우고 말씀 가운데 굳건히 서게 되실 것입니다.

아무쪼록 본 성경학교 교재를 통해 하나님의 말씀이 여러분의 마음 속에 희망의 씨앗으로 뿌리내리고 삶 가운데 아름다운 성령의 열매가 풍성히 맺히기를 간절히 기원합니다.

2011년 8월

여의도순복음교회

담임목사 이영훈

추천사

하나님의 말씀은 놀라운 힘과 능력을 가지고 있습니다. 사도 바울은 이러한 사실을 "모든 성경은 하나님의 감동으로 된 것으로 교훈과 책망과 바르게 함과 의로 교육하기에 유익하니 이는 하나님의 사람으로 온전하게 하며 모든 선한 일을 행할 능력을 갖추게 하려 함이라"(딤후 3:16-17)고 강조하였습니다. 하나님의 말씀은 생명력이 있어 우리의 인생을 놀랍게 변화시킵니다(히 4:12-13).

기독교인의 성공적인 삶의 원칙은 하나님의 말씀인 성경 중심이어야 합니다. 하나님의 말씀이 우리의 삶을 이끌어가야 합니다. 이는 성령님께서 말씀을 통하여 우리의 삶을 다스리시는 방편이기도 합니다. 성령님의 인도하심을 따라 하나님의 말씀대로 살아가면 성도는 하나님의 나라를 바라보고, 하나님의 일을 감당하게 됩니다. 즉, 하나님의 말씀을 듣고, 믿고, 배우고, 기도하면서 살아갈 때 성도는 하나님의 일을 능력 있게 감당하게 됩니다. 또한 하나님의 말씀을 공부하면 성도는 담대히 말씀을 전파하고, 이웃과 사랑을 나누고, 더 나아가서 주님의 지상명령인 전도와 선교에 헌신하게 됩니다.

저의 목회철학을 잘 계승하고 하나님의 말씀에 충실하게 사역하고자 불철

주야 노력하고 있는 이영훈 목사가 이번에 성경학교 교재를 내용과 형식에 있어서 새롭게 수정 보완하여 출간하게 된 것을 기쁘게 생각하며 하나님께 진심으로 감사드립니다. 특별히 이 책을 통해 하나님의 말씀을 공부하는 성도 여러분이 성령님의 인도하심을 따라 하나님을 만나고 새로운 꿈을 꾸고 용기와 희망을 얻게 되고, 더 나아가 하나님의 말씀대로 살게 되는 변화의 축복을 체험하시기를 바랍니다.

2011년 8월

여의도순복음교회

원로목사 조용기

Contents

머리말
추천사

욥기 … 11
시편 … 25
잠언 … 55
전도서 … 69
아가 … 77
이사야 … 85
예레미야 … 99
예레미야애가 … 115
에스겔 … 121
다니엘 … 137
호세아 … 149

요엘 ... 157
아모스 ... 163
오바댜 ... 171
요나 ... 177
미가 ... 183
나훔 ... 191
하박국 ... 197
스바냐 ... 203
학개 ... 209
스가랴 ... 215
말라기 ... 223

욥기

"내가 가는 길을 그가 아시나니 그가 나를 단련하신 후에는 내가 순금 같이 되어 나오리라" (욥 23:10)

기록목적 욥기는 삶 속에서 흔히 발생하는 고난의 문제를 다루고 있다. 욥기는 욥이라고 하는 의인의 고난을 통해서 인간의 고난이 단순히 죄의 결과인가, 아니면 하나님의 이해할 수 없는 섭리인가 하는 문제를 제기하며 그에 대한 해답을 제시하기 위해 기록되었다.

저 자 탈무드에 따르면 모세라고 한다.

특 징
- 인간의 삶에 나타나는 고통이라는 문제를 다루는 신학적 책이다.
- 욥의 고난과 관련해서 욥과 엘리바스, 소발, 빌닷 그리고 엘리후의 진술들이 교차하고, 욥의 질문과 하나님의 대답이 나오는 등 전체적으로 대화를 통해 내용이 전개된다.
- 하나님의 주권이 강조된다. 하나님은 인간의 생사화복을 홀로 주관하시고 섭리하시는 절대 주관자이다.
- 서론(1-2장)과 결론(42:7-17)은 산문체로 쓰여졌으나, 그 중간의 대화 부분은 시문체로 되어 있다.

내·용·분·해

대분류	소분류	주요 내용
1. 욥의 고난과 탄식 (1:1-2:13)	(1) 서론(1:1-2:13)	① 욥에 대한 소개 ② 의로운 욥의 고난
2. 욥과 그의 친구들 (3:1-37:24)	(1) 제1논쟁(3:1-14:22)	① 욥의 탄식 ② 엘리바스의 말 ③ 욥의 말 ④ 빌닷의 말 ⑤ 욥의 말 ⑥ 소발의 말 ⑦ 욥의 말
	(2) 제2논쟁(15:1-21:34)	① 엘리바스의 말 ② 욥의 말 ③ 빌닷의 말 ④ 욥의 말 ⑤ 소발의 말 ⑥ 욥의 말
	(3) 제3논쟁 (22:1-31:40)	① 엘리바스의 말 ② 욥의 말 ③ 빌닷의 말 ④ 욥의 말 - 지혜 예찬
	(4) 엘리후의 말 (32:1-37:24)	① 엘리후의 등장과 진술
3. 하나님과의 만남 및 결론 (38:1-42:17)	(1) 하나님과의 만남 및 하나님의 답변 (38:1-42:6)	① 하나님의 말씀 ② 욥의 답변 ③ 하나님의 답변 ④ 욥의 답변
	(2) 결론(42:7-17)	① 친구들을 위한 중보 기도와 제사 ② 친척과 친구들의 위문 및 욥이 받은 복

내 · 용 · 연 · 구

1. 욥의 고난과 탄식(1:1-2:13)

(1) 서론(1:1-2:13)

① 욥에 대한 소개(1:1-5)

- 욥은 "온전하고 정직하여 하나님을 경외하며 악에서 떠난 자"라는 칭찬을 받는 사람이었고 유복한 가정과 많은 재산을 가지고 있었다(1:1).
- 그는 자신뿐 아니라 자식들까지도 하나님 앞에 바로 세우고자 노력하는 의로운 사람이었다(1:5).

② 의로운 욥의 고난(1:6-2:13)

- 사탄은 만약 하나님이 욥에게 복 주시기를 중단하고 욥의 몸을 병으로 치면 그의 믿음은 사라질 것이며 하나님을 욕할 것이라고 두 차례에 걸쳐 참소한다(1:9-11; 2:4-5).
- 이에 하나님께서 욥을 시험하도록 허락하시고, 그 결과로 욥은 자녀와 재산을 모두 잃게 되고 욥의 생명을 제외하고는 모든 것을 빼앗아가도 좋다고 허락하신다.
- 욥의 가정은 풍비박산이 되고, 건강마저 잃어 온 몸에 돋은 종기로 인해 고통스러워한다. 욥의 아내는 그에게 하나님을 욕하고 죽을 것을 요구하지만, 욥은 끝까지 하나님을 원망하지 않는다(1:20-22; 2:10).

"내가 모태에서 알몸으로 나왔사온즉 또한 알몸이 그리로 돌아가올지라 주신 이도 야훼시오 거두신 이도 야훼시오니 야훼의 이름이 찬송을 받으실지니이다"(욥 1:21)

• 욥이 당한 환난의 소식을 듣고 세 명의 친구들, 엘리바스, 빌닷, 소발이 찾아와 충격 속에 일주일을 침묵한 채 앉아 있다.

〈욥기에 나오는 네 인물〉

구분	엘리바스	빌닷	소발	엘리후
출신	데만 사람	수아 사람	나아마 사람	람 종족 부스 사람
성격	경험주의	전통주의	도덕주의	교훈주의
주장	· 하나님은 온전하고 의로우시다. · 인간은 스스로 문제를 일으킨다.	· 하나님은 공의로우시다. · 불경건한 욥을 정죄하고 있다.	· 하나님은 불법을 아신다. · 자랑하는 욥을 정죄하고 있다.	· 하나님은 선하시다. · 고난은 가끔 의인을 연단하는 하나님의 방법이다.
공통점	욥의 고난을 인과응보의 원리로 정의			

2. 욥과 그의 친구들(3:1-37:24)

(1) 제1논쟁(3:1-14:22)

① 욥의 탄식(3:1-26)

• 고통의 정도가 한계에 이르자 마침내 욥은 자신이 아예 출생치 않았다면(3:1-10), 태에서 죽어 나왔으면(3:11-19), 지금이라도 죽었으면이라고 처절하게 탄식한다(3:20-26).

욥이 겪은 고난(욥 4:1-11)
- 천재에 가축과 종들을 잃음
- 대풍으로 자녀를 잃음
- 전신에 악창이 남
- 아내로부터 비난을 당함
- 친구들에게 정죄를 당함

② **엘리바스의 말**(4:1-5:27)

- 엘리바스는 인간의 죄됨(4:17), 우매함(4:19) 및 유한함(4:20)등을 진술하고, 이유 없는 고난은 있을 수 없기 때문에 욥의 고난은 그의 고백하지 않은 죄로 인한 것이라고 정죄한다.

악한 계교를 행한 자의 결과
(욥 5:12-14)
- 하나님이 그 계교를 무너뜨림
- 도리어 자기 계교에 빠짐
- 낮이나 밤이나 항상 불안함

③ **욥의 말**(6:1-7:21)

- 친구 엘리바스로부터 위로 대신 정죄의 말을 듣게 된 욥은 하나님께서 무죄한 자신에게 고난을 주신다고 항변하며(6:1-13), 친구들의 불신을 비난한다(6:14-30).
- 욥은 인생의 허망함과 인간에게 내리시는 하나님의 징계를 비통해하며 절규한다(7:1-21).

④ **빌닷의 말**(8:1-22)

- 빌닷은 하나님의 의로움과 유서 깊은 전통의 이름으로 앞선 엘리바스와 마찬가지로 비난에 찬 충고를 퍼 붇는다.
- 욥의 고난이 공의로운 하나님의 심판의 결과임을 강조하고, 악한 자의 길에는 반드시 파멸이 있고(8:11-19), 순전한 자의 삶은 행복할 수밖에 없다고 주장한다(8:20-22).

⑤ **욥의 말**(9:1-10:22)

- 욥은 하나님 앞에 의로운 존재가 아무도 없으며, 하나님의 주권이 절대적임을 설명한다(9:5-24).
- 자신이 무슨 이유로 고난 받아야 하는지에 대해 하나님

께 질문하며, 차라리 죽음을 소원한다는 뜻을 내비친다 (10:18-22).

⑥ **소발의 말**(11:1-20)

- 소발은 자신의 무죄함을 주장하는 욥의 태도가 하나님 앞에서 교만하다고 비난하며, 하나님의 오묘한 지혜는 인간이 파악할 수 없음을 지적한다.
- 욥이 하나님께로 돌이킬 경우 받게 될 상급을 열거하면서 회개를 촉구하며 욥을 정죄한다.

인생의 덧없음(욥 14:1-2)
- 베틀의 북보다 빠름(7:6)
- 생명이 한낱 바람 같음(7:7)
- 경주자보다 빨리 사라짐(9:25)
- 빠른 배와 같이 지나감(9:26)
- 먹이에 날아 내리는 독수리 같음(9:26)
- 꽃과 같이 쉽게 시듦(14:2)
- 그림자 같이 지나감(14:2)

⑦ **욥의 말**(12:1-14:22)

- 욥은 소발이 제기한 지혜를 다루면서 친구들이 생각하고 있는 지혜를 날카롭게 비판한다(12:1-11; 13:1-5).
- 욥은 하나님께 자신이 왜 징벌을 받고 있는지 알고 싶어 하며(13:19-28), 다시 인생의 덧없음(14:1-6)과 결국 죽으면 모든 것이 끝임(14:7-12)을 강조한다.
- 고통으로 인해 죽음을 소망하면서 동시에 은근한 소망을 내비치지만(14:13-17), 결국 허무한 인간의 운명에 대한 탄식으로 끝이 난다.

(2) 제2논쟁(15:1-21:34)

① **엘리바스의 말**(15:1-35)

- 엘리바스는 욥이 하나님을 경외하지 않는다고 책망한다(15:4). 그는 악한 자의 운명을 이야기하면서 만일 욥

이 하나님께로 돌이키지 않으면 악인의 화를 당하게 될 것이라고 경고한다.

② **욥의 말**(16:1-17:16)

- 욥은 친구들의 말에 대한 반박, 하나님이 자신을 괴롭히심과 자기 인생에 대한 탄식, 정의를 구하는 청원, 절망의 표현으로 대답을 한다.

③ **빌닷의 말**(18:1-21)

- 빌닷은 악인은 재난을 겪으며, 질병에 걸리고, 평온(18:8-18)과 재산 그리고 명예를 잃어버릴 것이라고 말하는데 이는 욥이 실제 겪고 있는 고난들이었다.
- 욥이 악인의 형벌을 받고 있으므로 자신의 죄를 인정해야 한다고 말하고 있다.

④ **욥의 말**(19:1-29)

- 욥은 빌닷의 주장에 동의한다(18:5-21). 그러나 욥은 그 책임이 자신에게 있지 않고 하나님께 있다고 고집한다.
- 하나님이 자신을 쳤으나, 자신의 무죄가 입증될 것을 확신하며, 친구들의 행위가 하나님의 진노를 유발할 수도 있다고 경고한다(19:28-29).

⑤ **소발의 말**(20:1-29)

- 욥의 현재 고난이 가난한 자를 학대하고 악을 사랑하며 탐욕스러운 삶을 산 것에 대한 대가라고 지적한다(20:29).
- 소발에 따르면, 악인의 번영과 행복은 잠깐일 뿐이며 반

영원하지 못하는 것
- 악인과 그의 형통함(8:22)
- 인간의 육체(19:26)

드시 악행에 대한 대가를 받게 되는데, 욥의 모습이 이와 같다는 것이다.

⑥ **욥의 말**(21:1-34)

- 욥은 그의 친구들이 자신의 고난을 인과응보의 관점으로 보는 것에 대해 반박한다.

(3) 제3논쟁(22:1-31:40)

① **엘리바스의 말**(22:1-30)

- 엘리바스는 모든 고난은 죄의 결과라는 확신에 매여 아무런 근거도 없이 욥의 죄 목록을 늘어놓으며 욥에게 회개하고 하나님께 돌아오라고 조언한다.

② **욥의 말**(23:1-24:25)

- 욥은 세 친구들에 대한 자기 변론의 무익함을 깨닫게 되며, 자신의 고난과 관련된 억울함을 하나님께 호소하기원하지만 하나님을 찾아도 만날 수 없다고 푸념한다(23:1-9).
- 욥은 악인들의 편안한 삶과 불의에 침묵하시는 하나님의 정의에 대해 의문을 제기한다(24:25).

③ **빌닷의 말**(25:1-6)

- 빌닷은 욥이 하나님 앞에서 항변하는 태도만을 문제삼아 욥을 공박하고 있다.

④ **욥의 말**(26:1-31:40, 소발의 말은 없음)

- 욥은 자연에 나타난 하나님의 주권을 묘사하고 있다

(26장).

- 욥은 자신의 의로움을 주장하고(27:1-6), 자신의 대적자들을 저주하며(27:7-10), 친구들을 꾸짖는다(27:11-12). 또 악인이 반드시 그 벌을 받게 되리라고 선언한다(27:13-23).
- 욥은 하나님의 지혜를 인간이 완전히 알아낼 수 없으며, 주를 경외하는 것이 곧 지혜라고 선언한다. 비록 자기의 고난의 수수께끼를 완전히 이해할 수 없다 하더라도 끝까지 주를 경외해야 함을 교훈하고 있다.
- 욥은 하나님께 고통받기 전인 과거의 영광을 이야기하고, 현재의 어둠을 묘사하며(30장), 자기의 무죄에 대해 최후의 맹세를 한다(31:6, 9-32).

(4) 엘리후의 말(32:1-37:24)

① 엘리후의 등장과 진술(32:1-37:24)

- 욥과 세 친구들의 변론 및 욥의 독백적인 탄식을 모두 듣고 있었던 엘리후가 변론에 개입(32장)하는 계기로 하나님과 욥의 만남(38-42장)으로 이어진다.
- 엘리후는 하나님을 향한 욥의 원망을 인용한 후에(33:8-11), 그것을 반박한다(33:12-30). 그는 하나님의 공의와 능력에 관해 욥에게 말하고(34:16-30) 욥의 태도를 문제 삼는다(34:31-33). 엘리후는 하나님이 사람들을 공정히 다루신다고 단언한다.

엘리후 변론의 단점
- 욥에 대한 이해와 사랑이 없음(35:8)
- 욥이 신앙을 버린 것처럼 정죄(36:17-23)

엘리후의 발언	대상자
첫번째	네 사람(32:6-9) 세 친구(32:10-14) 욥(32:15-33:33)
두번째	세 친구(34:1-15) 욥(34:16-17)
세번째	욥(35:1-16)
네번째	욥(36:1-37:1) 세 친구(37:2-13) 욥(37:14-24)

- 그는 사람들이 지속적으로 고난을 받는 것은 그들이 교만하여 죄를 인정하려 하지 않기 때문이며(36:5-14), 욥의 고난은 하나님이 주시는 교훈이라고 말한다(36:15-21).

3. 하나님과의 만남 및 결론(38:1-42:17)

첫 번째 창조의 질서와 그 과정(욥 38:4-38)
- 땅 위의 현상적인 것(38:4-7)
- 바다(38:8-11)
- 새벽(38:12-15)
- 바다와 스올의 깊음(38:16-17)
- 땅의 넓이(38:18)
- 빛과 어두움(38:19-21)
- 눈, 우박, 빛, 바람, 비, 이슬, 어두움과 안개에 대한 환경적인 요소, 별들에 대한 것(38:31-33)
- 구름과 천둥, 벼락(38:34-38)

야생짐승들의 생존법과 습관(욥 38:39-39:30)
- 사자(38:39-40)
- 까마귀(38:41)
- 산 염소(39:1-4)
- 사슴(39:1-4)
- 들나귀(39:5-8)
- 들소(39:9-12)
- 타조(39:13-18)
- 말(39:19-25)
- 매(39:26)
- 독수리(39:27-30)

(1) 하나님과의 만남 및 하나님의 답변(38:1-42:6)

① 하나님의 말씀(38:1-40:2)

- 폭풍우 가운데서 첫 번째로 욥에게 나타나신 하나님은 욥을 지명하신 후, 창조의 질서와 그 과정의 내용들에 관한 질문에 대답할 것을 요구하셨다(38:4-38).
- 두 번째 하나님의 질문은 야생짐승들의 생존법과 습관에 대한 것이다(38:39-39:30).

② 욥의 답변(40:3-5)

- 예전에 하나님 앞에서 자신의 의를 주장하겠다는 욥의 자신감은 이제 찾아볼 수 없다. 그는 자신의 비천함과 초라함을 고백할 뿐이다(40:4-5).

③ 하나님의 답변(40:6-41장)

- 하나님은 욥의 교만한 태도를 책망하신다(40:8). 하나님은 질문을 통해 온 천하에 있는 것은 인간이 보기에 아무리 강하고 두려운 것이라 할지라도 하나님의 피조물

이며 하나님의 소유라는 것을 말씀하신다.

④ **욥의 답변**(42:1-6)

- 욥은 하나님의 책망에 지금까지 자신의 의로운 삶에 다가온 이해할 수 없는 재난을 원망하고 하나님의 무관심과 멀리 계심을 탄식하며 자신이 해왔던 교만한 말들에 대해 회개한다.
- 하나님의 계획은 그것이 설령 재난과 고통이라 할지라도 인간이 그 뜻을 다 알 수도 깨달을 수도 없다는 것을 고백하고 있다.

(2) 결론(42:7-17)

① **친구들을 위한 중보 기도와 제사**(42:7-10)

- 하나님은 욥의 세 친구들의 진술과 위선에 대해 정당하지 못하다고 책망하신다.

② **친척과 친구들의 위문 및 욥이 받은 복**(42:11-17)

- 욥은 하나님의 명대로 세 친구들을 용서한 후 하나님께 축복을 받아 이전보다 갑절의 축복을 받는다.

〈욥기에 나타난 고난에 대한 견해〉

구분	사상	내용	비고
엘리바스	경험주의	· 인생의 체험을 중심으로 한 인과응보의 사상 · 고난은 죄의 결과	인과응보의 원리
빌닷	전통주의	· 하나님은 공의를 굽게 하지 않으신다는 전통적 신앙과 고난이 죄 때문이라는 전통적 교훈을 주장 · 고난은 죄악의 결과	
소발	도덕주의	· 도덕적, 교리적인 입장에서 봄 · 고난은 죄에 대한 당연한 분깃이요, 산업임 · 고난은 죄에 비하면 가벼운 것	
엘리후	교훈주의	· 선한 하나님께서 고난을 통해 가르치시고 훈련시켜 성숙케 하는 방법이요, 수단임	교육의 방법
욥	신상주의	· 고난이 죄의 결과임을 부인 · 고난은 불의가 고통을, 의가 평화를 가져오는 응보적 원리로서는 설명을 못하고, 하나님이 주시는 신앙의 고통임	신앙의 고난
하나님	완전한 해답	· 고난은 하나님이 누구신지를 알게 하고 이를 통해서 사람은 하나님을 전적으로 의지하게 됨	고난에 대한 결론

욥기의 적용과 실천

애매한 고난이든지 죄로 인한 고난이든지 삶 속에 나타나는 고난에 대해 우리의 자세는 어떠합니까(1:20-22)?

우리 주변에 어려움을 당하는 친구나 이웃이 있습니까? 그들에게 어떠한 위로를 하고 있습니까(21:18-23)?

인간은 고난을 당하면 좌절과 낙심에 빠지기 쉽습니다. 그러나 그 고난 가운데 창조주요 모든 것을 주관하시는 하나님의 계획하심을 인정하고 믿음으로 맡길 때 우리는 승리할 수 있습니다.

욥기(1~42장) 읽기

주일	월	화	수	목	금	토
1:1-2:13	3:1-14:22	15:1-21:34	22:1-31:40	32:1-37:24	38:1-42:6	42:7-17

시편

"야훼는 나의 목자시니 내게 부족함이 없으리르다 그가 나를 푸른 풀밭에 누이시며
쉴 만한 물 가로 인도하시는도다" (시 23:1-2)

기록목적 시편은 개인적으로는 하나님을 향하여 찬양, 탄식, 감사 등의 신앙 고백을 위하여 기록되었고, 공동체적으로는 예배 의식, 절기 축제, 신앙 지도 등의 교본으로 삼기 위하여 기록되었다.

저 자 다윗이 73개의 시편 저자로 등장하고 있고, 그 외에 모세, 솔로몬, 아삽, 고라 자손, 헤만, 에단 등이 기록하였다.

특 징
- 시편은 오랜 시대에 걸쳐 여러 저자들에 의해 각기 다른 상황 하에서 다양한 주제들로 구성되고 기록되었다.
- 하나님을 향한 인간의 응답, 곧 이스라엘 백성의 응답으로 이스라엘이 하나님께 드린 찬양의 책이며 기도서이다.
- 시편은 감사, 찬미, 탄식, 기쁨, 고통, 신뢰, 경외 등 인간의 모든 감정을 표현하여 하나님에 대한 신앙을 고백하고 있다.

내·용·분·해

1. 책별 분류

대분류	소분류	주요 내용
제1권 (1–41편)	창세기 : 사랑과 창조	41:13
제2권 (42–72편)	출애굽기 : 해방과 구속	72:18–19
제3권 (73–89편)	레위기 : 성소와 예배	89:52
제4권 (90–106편)	민수기 : 방랑과 고난	106:48
제5권 (107–150편)	신명기 : 율법과 찬양	150:1–6

2. 저자별 분류

저자	총편수	저자별 시편
다윗	73편	3–9, 11–32, 34–41, 51–65, 68–70, 86, 101, 103, 108–110, 122, 124, 131, 133, 138–145편
아삽	12편	50, 73–83편
고라 자손	10편	42, 44–49, 84–85, 87편
솔로몬	2편	72, 127편
에단	1편	89편
헤만	1편	88편
모세	1편	90편
저자 미상	50편	1–2, 10, 33, 43, 66–67, 71, 91–100, 102, 104–107, 111–121, 123, 125–126, 128–130, 132, 134–137, 146–150편

· 저자 미상의 시들 중 몇 편들은 히스기야 혹은 에스라의 것으로 간주되기도 한다.

3. 유형(주제)별 분류

유형		시편
찬양시		8, 19:1–6, 33, 66, 68, 100, 103–104, 108, 11[illegible], 113–114, 117, 134–136, 145–150편
탄원시	**개인**	3–5, 7, 9, 10, 13–14, 17, 22, 25–28, 31, 35–3[illegible], 39, 41–43, 52–57, 59, 61, 64, 69–71, 77, 86 88, 109, 120, 139–142편
	공동체	12, 44, 58, 60, 74, 79–80, 83, 85, 90, 94, 123, 126, 129, 137편
회개시(참회시)		6, 32, 38, 51, 102, 130, 143편
감사시	**개인**	18, 30, 34, 40, 66, 92, 116, 118, 138편
	공동체	65, 67, 75, 107, 115, 124편
제왕시		2, 20–21, 45, 72, 89, 101, 110, 132, 144편
시온시		46, 48, 76, 84, 87, 122편
대관식시		29, 47, 93, 95–99편
신뢰시		11, 16, 23, 62–63, 91, 121, 125, 131편
지혜시		37, 49, 73, 112, 127–128, 133편
토라시(말씀시, 율법시)		1, 19:7–14, 119편
구속사시(역사시)		78, 105, 106편
예배시		82편
언약 갱신시		50, 81편
성전 입장시		15, 24편

내·용·연·구

1. 찬양시

찬양시의 구조

① 서론
"찬양하라"
(할렐루: Hallelu)는 권고

② 본론
하나님을 찬양해야 하는 이유

③ 결론
대부분 서론을 다시 반복해서 "할렐루야"(야훼를 찬양하라)로 끝맺음

찬양의 의미

찬양은 하나님을 예배하고 감사하는 것이다.

8편 : 창조주 하나님의 영광

하나님은 어떤 분이시며 인간은 어떠한 존재인가?하는 물음에 대해 답하고 있다.

① 우주 만물을 통하여 영광을 드러내심을 찬양(1-3절)

② 연약한 인간에게 만물을 다스리게 하신 하나님의 섭리를 찬양(4-9절)

19편 : 자연과 율법에 나타난 하나님의 계시

① 전반부(1-6절): 자연에 나타난 하나님의 영광을 찬양

② 후반부(7-14절): 하나님의 말씀에 나타난 하나님의 뜻을 찬양

33편 : 기쁨과 찬양의 시

창조주요, 지존자요, 재판장이요, 구속자이신 하나님을 찬양하는 시로 세상의 모든 권세는 하나님께로부터 위임받은 것이므로 세상의 모든 승리는 오직 하나님의 힘으로만 얻어질 수 있다.

100편 : 찬양의 참 본질

우리의 하나님 되신 야훼께서는 선하시며, 인자가 영원하고, 성실하심이 대대에 이르기에 그분께 감사와 찬양을 돌리라고 권하고 있다.

명 칭	성 경	기 능
야훼의 율법	완전함 : 초자연성	영혼을 소성시킴 : 영혼을 거듭나게 함
야훼의 증거	확실함 : 오류가 없음	우둔한 자를 지혜롭게 : 거듭난 사람을 진리로 가르침
야훼의 교훈	정직함 : 바름과 곧음	마음을 기쁘게 함 : 정죄감에서 해방된 기쁨을 줌
야훼의 계명	순결함 : 빛남	눈을 밝게 함 : 우리 인생의 길을 환히 밝혀 주심
야훼를 경외하는 도	정결함 : 부패 않음	영원까지 이름 : 변함없이 우리와 함께 하심
야훼의 법도	진실함 : 참됨	의로움 : 도덕적 기반과 영원한 삶의 지표

103편 : 야훼를 송축하라

① 찬양의 요청(1-2절)

② 하나님의 풍성한 은혜(3-5절)

③ 아버지 되신 하나님(6-13절)

④ 영원한 하나님의 사랑(14-18절)

⑤ 하나님의 창조와 다스리심을 송축(19-22절)

찬양의 요청

하나님께 드리는 찬송은 "영혼"으로 드리는 것으로 "내 속에 있는" 모든 것들이 함께 하는 생명력 있는 것이 되어야 한다.

창조에 관한 시편들

시 8; 19; 104; 148편

104편 : 창조주의 영광

이 세상 어떤 피조물도 목적 없이 창조된 것은 하나도 없으며 하나님의 영광을 나타내는 목적을 갖고 있다.

'할렐루야' 시편
104-106; 111-118;
146-150편
"할렐루야"로 시작하거나 끝나며 하나님을 찬양하는 내용을 중심 주제로 담고 있음

113편 : 야훼의 이름 찬양

유대의 3대 절기 때, 특히 유월절에 낭송되었던 113-118편은 이른바 "애굽 할렐시"라고 불린다. 유월절 때, 식사 전에는 시편 113-114편이, 식사 후에는 시편 115-118편이 불렀다(마 26:30; 막 14:26).

찬양의 대상 - 야훼 하나님

135편 : 야훼를 송축하라

창조주로서의 선하심, 이스라엘 백성의 구원자로서의 은혜, 유일하시고 참되시고 살아계신 주권자 하나님께 드리는 찬송의 시편이다.

146-150편 : 야훼를 찬양하라

시편의 마지막 "할렐루야 시"들로 모두 할렐루야로 시작해서 할렐루야로 끝나며 창조자요, 구원자요, 역사의 주관자 되신 하나님을 찬양한다. 이 시들은 시편 전체를 총괄하여 마감하는 송영집의 역할을 한다.

2. 탄원시

(1) 개인 탄원시

3편 : 나의 도움이신 하나님

다윗은 그의 아들 압살롬이 반역하여 예루살렘으로 향하고 있을 때 그를 피하여 도망하면서 이 시편을 썼다(삼하 15-18장).

22편 : 고난과 승리

메시야의 고난과 승리를 예표로 보여주는 대표적인 시이다. 히브리서 기자는 22절을 명백한 메시야 예언으로 인용한다(히 2:12).

① 응답없는 부르짖음(1-2절)

② 이스라엘의 열조를 도우신 하나님(3-5절)

③ 고난과 핍박에 대한 탄식(6-21절)

④ 부활에 대한 승리의 찬가(22-31절)

39편 : 허무한 인생의 소망은 하나님

다윗의 범죄 후에 낳은 아들이 병들었을 때(삼하 12장), 또는 압살롬의 반란 때의 작품으로 보이며, 악인 앞에서의 침묵, 인생의 허무성, 용서와 회복의 간구로 되어 있다.

탄원시의 구조

① 하나님을 부름
기도의 대상이 되는 하나님을 부름

② 탄원
어려운 상황을 호소

③ 간구
하나님의 도우심을 요청

④ 신뢰의 고백
어려운 상황이지만 하나님을 믿는다는 신앙 고백

⑤ 구원의 확신
구원의 간구가 응답될 것이라는 확신을 표현

⑥ 찬양의 서약
구원의 확신 속에 감사와 찬양을 서언

개인탄원시

질병의 고통, 원수의 핍박, 죽음의 공포 등의 순간에 하나님께 드린 기도

찬양을 드리는자

세계 만민과 하나님의 모든 피조물

찬양을 드리는 때
날마다 숨 쉬는 순간마다

54편 : 하나님은 나의 돕는 자

다윗이 사울에게 쫓기면서 "십 사람들" 에게 배신당하였을 때 지은 시이다(삼상 23장).

① 구원의 호소(1-3절)

② 보호의 확신(4-5절)

③ 구원에 대한 감사(6-7절)

찬양을 드리는 상황
모든 일에

61편 : 추방 중의 기도

압살롬의 반란이 평정된 후 다윗이 왕위로 복귀하면서 지은 시이다(삼하 15:25).

① 안전을 비는 간구(1-4절)

② 응답의 확신과 감사(5-7절)

③ 서원(8절)

88편 : 고통 중의 기도

일반적으로 탄원시라 할지라도 마지막은 하나님에 대한 확신과 소망으로 끝나는데, 이 시는 처음부터 끝까지 고통의 부르짖음으로 일관되어 있다. 따라서 "시편 중 가장 슬픈 시" 로 불린다.

① 부르짖음(1-2절)

② 극심한 고통(1-9절)

③ 애절한 기도(10-18절)

142편 : 나를 건지소서

다윗이 사울의 핍박을 피하여 아둘람 굴(삼상 22:1)또는 엔게디 굴(삼상 24:1-3)에 있을 때의 작품으로 믿어진다. 자신의 비천한 모습을 돌아보며 하나님께 간구하는 다윗의 기도는 구원의 확신으로 끝난다.

(3) 공동체 탄원시

공동체 탄원시
전쟁, 기근, 재앙 등의 위기 상황에서 하나님께 드린 기도

12편 : 타락한 세대를 향한 탄식

공동체의 도덕과 윤리가 타락하였을 때 이를 통탄하며 하나님의 도움을 간청하는 기도이다. 하나님은 거짓과 위선과 교만의 모든 혀를 징벌하시고, 그들에게 억압받아 궁핍하던 자들을 안전한 곳으로 인도하시겠다고 약속하신다.

44편 : 이스라엘의 부르짖음

찬양을 드리는 장소
동에서부터 서쪽 끝까지
(해 뜨는데부터 해 지는데까지)

국가적 위기에 빠진 이스라엘 민족이 하나님께 도움을 구하는 탄원시다.

① 과거에 베푸신 하나님의 은혜(1-8절)
② 현재 당하는 고통(9-16절)
③ 신앙의 고수와 구속의 간구(17-26절)

80편 : 이스라엘의 회복을 위한 기도

앗수르의 침략으로 북이스라엘이 멸망한 때(주전 722년)를

배경으로 하고 있다.

① 구원의 호소(1-3절)

② 현재 당하고 있는 고난을 호소함(4-7절)

③ 회복의 호소(8-19절)

90편 : 하나님의 영원성과 인생무상

찬양의 근거 또는 이유
창조의 권능과 인간을 구속하신 인자하심 때문

모세는 하나님의 영원성과 인생의 무상함을 대조시킴으로써 연약한 인간은 결국 하나님께로 돌아갈 수밖에 없음을 강조한다.

94편 : 인자와 공의의 하나님

악인들이 흥하고 의인은 망하여 악인들의 조롱을 받는 세상의 모순 속에서 하나님의 심판을 기다리는 마음을 표현하고 있다.

① 하나님의 빛을 비추어 주소서(1-2절)

② 악인의 죄악을 폭로함(3-11절)

③ 의인을 향한 하나님의 인자하심과 공의로우심(12-23절)

137편 : 바벨론 포로의 노래

유다의 멸망(주전 586년)을 배경으로 지어진 것으로, 바벨론 포로 생활 중에 시온을 그리워하며 자신들의 압제자들에게 보복해줄 것을 간구하고 있다.

① 예루살렘의 멸망을 슬퍼함(1-6절)

② 에돔과 바벨론에 대한 하나님의 보응을 간구함(7-9절)

3. 회개시

6편 : 병상에서의 참회기도

다윗은 자신의 질병이 죄에 대한 하나님의 징계인 것을 깨닫고, 주의 인자하심을 따라 눈물로써 사죄의 은혜를 간구한다.

① 고통의 호소(1-3절)

② 눈물의 참회(4-7절)

③ 간구의 응답(8-10절)

38편 : 나를 도우소서

다윗은 환난 가운데서 자신의 잘못을 깨닫고 깊이 뉘우침으로써 다시금 하나님과의 교제가 회복되기를 간절히 간구하고 있다.

① 범죄에 대한 하나님의 인해 발생한 육체의 고통(1-10절)

② 인간관계의 단절과 대적들로부터의 위협(11-16절)

③ 신뢰의 고백과 구원의 간구(17-22절)

51편 : 하나님이시여 나의 마음을 정케 하소서

다윗이 우리아의 아내 밧세바와 간음한 후에 참회하며 지은 시이다(참조. 삼하 1-12장).

① 사죄의 은혜를 간구(1-2절)

② 죄의 고백(3-5절)

③ 회복의 은혜를 간구(6-12절)

④ 찬양의 서원(13-17절)

⑤ 예루살렘의 번영을 위한 기도(18-19절)

102편 : 참회의 기도

시인은 병고에 시달리면서 그 고통을 포로 중의 이스라엘의 고난에 비유하며, 회개하면서 시온의 회복을 빌고 있다. 히브리서 저자는 25-27절에서 하나님에 대해서 말하고 있는 본문을 그리스도에게 적용하였다.

① 시인의 고난(1-11절)

② 시온의 회복(12-22절)

③ 장수의 기원과 이스라엘 민족에 대한 하나님의 영원한 후원을 간구(23-28절)

4. 감사시

(1) 개인 감사시

18편 : 구원의 찬송

내용이 사무엘하 22장과 거의 같으며 표제 그대로 다윗이 모든 원수와 사울의 손에서 구원받은 날에, 야훼께 감사하여 지은 노래이다.

① 찬송 받으실 하나님(1-3절)

② 하나님의 구원 행위(4-19절)

③ 의를 따른 보상(20-30절)

④ 승리케 하신 하나님(31-45절)

⑤ 감사 찬송(46-50절)

34편 : 야훼를 송축하라

다윗이 사울에게 쫓겨 블레셋으로 피했을 때 가드 왕 아기스 앞에서 미친 체하다가 쫓겨나서 지은 시이다(참조. 삼상 21:10-22:5).

① 찬양의 권유(1-7절)

② 신앙적 권면(8-14절)

③ 공의의 하나님을 고백(15-22절)

감사시의 구조

① 서론
하나님께 감사드릴 것을 짧게 선포하는 것으로 간혹 생략되기도 한다.

② 본론
질고와 고통으로부터 벗어난 저자의 경험

③ 결론
하나님의 은혜에 대한 감사

66편: 구원의 하나님을 찬양

하나님의 크신 구원의 행위를 찬양하기 위하여 기록되었다.

① 전반부(1-12절) 공동체의 찬양

② 후반부(13-20절) 개인 감사의 내용

116편 : 기도에 응답하시는 하나님

시인은 사선을 헤매다가 나음을 받고 그 은혜에 감사와 찬양을 드린다.

① 하나님에 대한 사랑의 고백과 기도(1-2절)

② 과거에 당했던 고통(3-4절)

③ 하나님의 구원하심(5-11절)

④ 구원해 주신 야훼께 찬양(12-19절)

118편 : 구원의 하나님께 감사

애굽 할렐시의 마지막 편으로 내용은 이스라엘이 전투에서 승리한 것에 대한 감사의 찬양으로 제2성전이 낙성된 후(주전 515년) 유월절 행렬 때 부른 노래로 여겨진다.

① 야훼께 감사하라(1-4절)

② 하나님의 응답과 구원(5-21절)

③ 구원의 확신과 감사(22-29절)

138편 : 감사의 노래

다윗은 어려움에서 건짐 받은 후 하나님께 감사와 찬양을 드린다.

① 찬양과 감사(1-3절)

② 하나님의 섭리를 세상의 모든 왕들이 찬양할 것이라고 선언(4-6절)

③ 하나님에 대한 신뢰의 고백(7-8절)

(2) 공동체 감사시

공동체 감사시
성전 제사의식이나 추수에 대한 감사의식 때에 부름

65편 : 구원의 하나님을 찬양

죄를 용서하고 구원해주시고 백성을 보호하시며 풍년을 주시는 하나님의 권능과 은혜에 대한 다윗의 감사 찬양이다.

107편 : 야훼의 위대함(야훼의 구속하심과 섭리 찬양)

이스라엘 백성들이 자신들의 슬픈 역사를 돌아보며 이방 민족의 포로로부터 구원하신 하나님의 인자하심을 회고하며 감사하는 노래이다.

① 감사하라는 선언(1-3절)

② 하나님의 구원(4-32절)

③ 하나님의 섭리(33-43절)

5. 제왕시

제왕시
이스라엘 왕에 관한 시들이다. 이스라엘의 왕은 "하나님의 아들", "하나님의 우편에 앉은 주", "기름부음 받은 자"로 묘사되며, 진정한 하늘의 왕인 하나님의 대리자로서 이스라엘을 통치한다. 제왕시의 중심 주제는 다윗 혈통의 왕이 이스라엘과 온 땅을 통치할 것이라는 다윗 왕조에 대한 하나님의 선택과 약속에 있다. 따라서 제왕시들은 흔히 종말론적, 메시야론적으로 해석된다.

2편 : 야훼의 주권

새로운 왕의 즉위식을 그 배경으로 하고 있으며, 하나님의 기름부음을 받은 자 곧 메시야의 도래(행 4:25; 히 1:5; 계 2:27)에 대한 약속의 선포와 그를 대적하는 세상의 군왕들 곧 교회의 적대 세력에 대한 권고와 경고가 잘 대비되어 있다.

① 하나님과 기름부음 받은 자 곧 왕을 대적하는 음모(1-3절)
② 대적자들에 대한 하나님의 진노(4-6절)
③ 야훼의 말씀에 대한 왕의 진술(7-9절)
④ 군왕들을 향은 권면(10-12절)

20편 : 백성과 제사장의 승전 기도

다윗이 전쟁터로 나아갈 때 백성들과 제사장들이 승전을 간구했던 기도이다.

① 왕을 위한 백성의 기원(1-5절)
② 승리를 확신하는 왕의 응답(6-8절)
③ 왕을 위한 백성의 기도(9절)

45편 : 왕의 결혼식 노래

왕의 결혼식 때 부른 축하의 노래로 만왕의 왕이신 그리스도와 그분의 신부인 교회의 온전한 연합을 예시한다는 점에서 메시야 예언시라고도 할 수 있다.

① 왕에 대한 찬양(1-8절)

② 신부에 대한 찬양과 조언(9-15절)

③ 영원한 왕의 나라(16-17절)

72편 : 의로운 왕

솔로몬 다스리던 이스라엘의 평안과 번영을 노래한 것일 뿐 아니라, 더 나아가 장차 이상적인 왕국을 세울 메시야 통치를 예언하고 있다.

① 왕의 의로운 통치(1-7절)

② 왕의 세계적 통치(8-11절)

③ 왕의 약자를 구원하는 통치(12-14절)

④ 왕에 대한 만민의 칭송(15-17절)

⑤ 송영(18-19절)

110편 : 그리스도에 대한 예언

신약에서 자주 인용된 메시야에 대한 예언을 담고 있으며, 메시야가 왕 되시며, 제사장 되시고 승리자가 되실 것을 예언하고 있다.

6. 시온시

시온시
야훼가 거하시는 장소인 예루살렘의 시온 산을 찬양하며 하나님께서 자신을 나타내신 성전에 나아가려는 이스라엘의 갈망을 노래하고 있다.

46편 : 하나님은 나의 힘

백성의 강력한 보호자이신 하나님의 능력을 찬양하는 노래이다.

① 하나님은 나의 힘(1-3절)

② 하나님이 거하시고 지키시는 도성(4-7절)

③ 하나님의 평화로운 통치(8-11절)

시 46편
루터는 이 시편에서 영감을 얻어 "내 주는 강한 성이요"라는 찬송을 지었다고 한다.

48편 : 하나님의 성, 거룩한 산 시온

하나님의 통치의 중심지인 거룩한 성 시온에 관한 노래이다. 시온이 아름답고 견고한 것은 그곳에 하나님께서 임재하고 계시기 때문이다.

① 시온의 아름다움(1-3절)

② 하나님의 임재가 나타나는 시온의 견고함(4-8절)

③ 시온에 거하시는 하나님에 대한 찬양(9-14절)

76편 : 승리의 찬송

히스기야 때 앗수르 대군이 멸망당한 것을 기억하며(왕하 19:32-36), 하나님께 국민적 구원을 감사하는 노래이다.

① 시온은 하나님이 거하시고 다스리시는 곳(1-3절)

② 민족의 구원을 찬양(4-6절)

③ 야훼의 심판을 선포(7-12절)

84편 : 주의 전을 사모함

순례자들이 매년 절기를 지키기 위해 예루살렘으로 가는 길에서 불려진 "순례의 노래"이다.

① 주의 장막에 거하는 자의 행복(1-4절)

② 순례자의 행복(5-9절)

③ 주께 의지하는 자의 행복(10-12절)

42편 43편	성전에서 멀어진 슬픔을 노래
84편	성전에 거하는 기쁨을 노래

122편 : 희망의 노래

포로기간 이후 유다의 3대 절기인 유월절, 칠칠절, 초막절 때 시온에 올라가는 사람들에 의해 불려졌다.

① 성의 장관(1-5절)

② 성의 평안을 위한 기도(6-9절)

성전에 올라가는 노래
시 120-134편은 모두 순례의 노래

7. 대관식시

47편 : 온 땅에 큰 왕 되신 하나님

이 땅에 대한 하나님의 주권을 찬양하는 시이다. 야훼 하나님은 이스라엘과 온 땅의 왕으로 선포되고 찬송된다.

① 야훼를 왕으로 부르라는 권면(1-4절)

대관식시
대관식시는 하나님의 왕권 통치를 선포하는 시들이다. 따라서 이 시들의 주제는 "하나님께서는 이스라엘과 온 세계의 왕이 되신다"는 것이다.

② 하나님이 보좌에 앉아 세계를 다스림을 선포(5-9절)

96편 : 만민의 왕이신 하나님

역대상 16장 23-33절에서 거의 같은 내용이 나타나는 것으로 볼 때 다윗이 언약궤를 예루살렘으로 가져올 때 이 노래를 불렀던 것으로 보인다. 모든 백성들, 전 우주, 모든 생명체들에게 세상의 창조주이시고 모든 나라의 왕이신 하나님께 찬양을 드리라고 선포한다.

8. 신뢰시

11편 : 도피냐? 믿음이냐?

다윗이 사울의 핍박을 받을 때에 지은 것이다. 다윗이 사울을 피해 달아나라고 하는 사람의 충고를 듣지 않고 오직 하나님만을 의지할 수 있었던 것은 하나님께서 반드시 악인을 멸하시고 의인을 돕는다는 것을 신뢰했기 때문이다.

23편 : 야훼는 나의 목자

시편 중에 가장 많이 암송되는 시로서 하나님과 성도를 목자와 양의 관계로 묘사하고 있다.

구분	의미	적용
양의 필요를 채우심(2절)	양들에게 꼴과 마실 물을 공급	예수님께서 신령한 양식과 음료인 말씀과 성령으로 채워주실 것을 예표(요 6:51; 7:38)
의의 길로 인도하심(4절)	자기 백성을 회개시켜 올바른 길로 이끄심	하나님의 영광과 찬송을 위하여 택함을 받은 백성은 버림받지 않음
함께 하심(4절)	위로와 소망의 말씀	물과 불의 환난을 통과하더라도 두렵지 않음. 죄의 길을 걷고 있더라도 돌이킬 수 있는 기회를 주심
야훼의 집에 삶(6절)	변함없이 하나님만 바라고 의지	

62편 : 하나님만 신뢰하라

다윗은 원수들의 공격 가운데서도 하나님에 대한 흔들리지 않는 신뢰를 보여준다.

① 하나님에 대한 신뢰(1-2절)

② 원수들의 공격(3-4절)

③ 하나님의 구원에 대한 신앙고백(5-7절)

④ 다윗의 권고(8-12절)

91편 : 하나님을 의지하는 자의 안전

하나님을 의지하는 자에게 주어지는 생명의 안전을 노래한다.

① 전능자의 보호 아래 거하는 자의 안전함을 확신(1-13절)

② 절대 보호를 약속하신 하나님의 말씀을 선포(14-16절)

121편 : 야훼께서 지키심

"성전으로 올라가는 노래" 라는 표제가 붙은 "순례의 노래" (120-134편)의 두 번째 시편으로, 순례자는 산과 들을 지나서 예루살렘으로 가는 여정 동안 하나님이 지켜주실 것이라고 확신한다.

① 시인의 질문과 대답(1-2절)

② 하나님의 보호를 확신하는 제사장의 답변(3-8절)

지혜시
지혜시는 악이나 어리석은 길을 따르는 것에 대한 경계와 함께, 인생을 어떻게 사는 것이 옳은 것인지에 대한 가르침을 담고 있다.

9. 지혜시

37편 : 악인의 멸망과 의인의 보상

이 시는 두 절씩 히브리어 알파벳 글자("답관체시 혹은 알파벳 아크로스틱 시")를 따르고 있다.

① 신자에 대한 권고(1-8절)

② 악인에 대한 경고(9-22절)

③ 의인에 대한 보상(23-31절)

④ 구원과 심판(32-40절)

시편 37; 49; 73편
"악인의 번영과 의인의 고난" 이라는 문제를 다룬다. 이러한 모순된 현실은 일시적 현상일 뿐, 결국 악인은 멸망하고 의인은 복을 받는다고 가르친다.

112편 : 야훼를 경외하는 자의 행복

이 시는 야훼를 경외하며 그 계명을 즐거워하는 자는 이 세상에서 부와 명성을 얻게 될 것이라고 교훈한다.

127편 : 하나님의 선하심

시편 72편과 함께 솔로몬의 이름을 지닌 시편이다.

① 하나님의 인도를 벗어난 인간의 수고는 헛되다(1-2절).

② 하나님이 축복하신 가정의 번성함을 노래(3-5절)

10. 토라시

토라시

토라시는 경건한 삶을 살기 위해 토라, 곧 하나님의 말씀의 중요성을 강조한다.

1편 : 참된 행복의 길

시편 전체에 대한 서론의 역할을 수행하며, 내용에서 두 가지 길을 제시한다. 행복과 불행의 갈림길의 열쇠가 율법에 있다는 것을 가르친다.

① 행복과 형통의 길(1-3절)

② 저주와 파멸의 길(4-6절)

19편 : 자연과 율법에 나타난 하나님의 계시

① 자연에 계시된 하나님의 영광을 노래(1-6절)

② 하나님의 뜻이 가장 잘 나타나 있는 토라를 찬양(7-14절)

③ 토라에 대한 여섯 가지 명칭(7-9절)

119편 : 하나님의 말씀

시인의 삶이 대적하는 무리가 있고 궁핍하지만, 결코 하나

119편의 구성 및 특징
- 8절씩 22개의 단락
- 각 단락의 첫 글자는 히브리어 알파벳 순
- 하나님의 말씀을 율법(법), 증거, 말씀(도), 계명, 율례, 규례, 법도, 교훈(판단) 등 여덟 개의 동의어로 표현들이 각 구절마다 반복

님의 말씀을 순종하는 일에 불평하지 않고, 율법이 사람의 자유를 속박하는 것이라고 간주하지 않는다.

① 말씀에 신실한 자의 복(1-16절)

② 깊은 환난에서 힘을 주시는 하나님의 말씀(17-32절)

③ 하나님의 말씀을 지키는 자의 소망(33-56절)

④ 고난과 박해 중의 위안과 구원(57-128절)

⑤ 말씀을 사모함(129-160절)

⑥ 구원에 대한 기원(161-176절)

번호	구절	말씀의 의미	말씀에 대한 반응	간구의 내용
1	1-8절	의로움	말씀의 준행	감사의 서원
2	9-16절	윤리의 지침	즐거워하고 묵상함	계명에서 떠나지 않도록
3	17-24절	힘의 원천	사모하고	비방과 멸시를 떠나게 하소서
4	25-32절	생명의 원천	준행하고 묵상함	살아나게 하소서 깨닫게 하여 주소서
5	33-40절	선하심	규례를 내 앞에 둠	깨닫게 하여 주소서 살아나게 하소서
6	41-48절	진리	즐거워하고 사모함	구원을 내게 임하게 하소서
7	49-56절	위로와 소망	의뢰하고 사랑함	기억하소서
8	57-64절	의로움	준행함	은혜를 베푸소서 가르치소서
9	65-72절	신실함	말씀의 준행	가르치소서
10	73-80절	위안, 즐거움	계명을 믿고	완전케 하사 수치를 당치 않게 하소서
11	81-88절	신실함	즐거워 함	살아나게 하소서
12	89-96절	영원하심	작은 소리로 읊조림	구원하소서

번호	구절	말씀의 의미	말씀에 대한 반응	간구의 내용
13	97-104절	지혜와 명철	사랑하고 묵상함	
14	105-112절	등이요 빛	영원한 기업으로 삼음	살아나게 하소서 가르치소서
15	113-120절	은신처, 방패	사랑함으로 지킴	붙드소서
16	121-128절	의로움	정금보다 사랑함	복을 얻게 하소서 가르치소서 알게 하소서
17	129-136절	기이함	사모하고 지킴	긍휼히 여기소서 가르치소서
18	137-144절	의와 진실	사랑함	살게 하소서
19	145-152절	진리	바라고 묵상함	살리소서
20	153-160절	진리, 의, 영원	사랑함	살아나게 하소서
21	161-168절	구원과 평안	경외하고 즐거워하고 사랑하고 지킴	건지소서
22	169-176절	의로움	사모하고 즐거워함	

11. 구속사시

105편 : 이스라엘을 구원하신 하나님

창세기 12장에서 시작된 하나님의 약속이 여호수아 때에 성취되기까지 역사를 압축한 서사시이다.

① 찬양의 권고(1-6절)

② 족장들과 하나님의 약속(7-11절)

③ 역사적 고찰(12-41절)

구속사시
이스라엘 역사 가운데서 행하신 하나님의 구원의 역사를 이야기 형식으로 회고하며 찬양한 시들이다. 하나님께서 택하신 백성 이스라엘이 비록 타락과 반역을 거듭 행하는 중에도 끝까지 이스라엘과 함께 하시며 하나님의 신실하심을 보여 주셨다는 것이다.

④ 언약을 지키신 하나님을 찬양(42-45절)

106편 : 이스라엘의 불순종

출애굽에서 사사시대에 이르는 역사 동안 하나님을 향한 이스라엘의 불순종과 반역의 죄를 고백한다.

① 하나님을 찬양(1-5절)

② 출애굽에서의 죄(6-33절)

③ 가나안에서의 죄(34-46절)

④ 구원을 위한 기도(47-48절)

12. 예배시

예배시
예배시는 예배의 의식을 위해 만들어진 시이다.

82편 : 불의의 재판관에 대한 심판

모든 불의를 공의로 심판하시는 하나님의 예언적 말씀을 선포하고 있다. 이스라엘의 하나님은 이 세상 모든 만물을 공의로 다스리는 가장 높은 재판장으로 묘사된다.

13. 성전입장시

15편 : 주의 장막에 머무를 자

다윗이 법궤를 예루살렘으로 옮겨올 때 낭송한 시로서, 성소에 입장하기 전에 선행 조건이 무엇인지에 대해 알려준다. 1절에서 예배자가 예배자의 자격에 관해 질문을 던지면, 2-5절에서 제사장이 그에 대답하여 선언한다.

성전입장시
절기를 위해 예루살렘 성전을 찾아온 예배자들이 성전에 들어가기 앞서 예배를 드리며 불렀던 노래이다. 성전입장시는 번갈아 대답하는 대화형식으로 되어 있다. 예배자들은 거룩한 성소에 들어가기 위해 필요한 자격에 대해 제사장에게 묻는다. 제사장은 이에 대한 대답과 함께 예배자들에게 축복을 선포한다.

자격	의미	비고
정직	순수하고 순전한 마음으로 행함	적극적 계명 (인격을 위한 덕목)
공의	하나님 앞에서 올바로 행함	
진실	거짓되거나 기만하지 않음	
허물치 않음	참소는 여기저기 다니면서 말로 해를 끼치는 것	소극적 계명 (이웃에게 하지 말아야 할 혀와 관계 된 계명)
이웃 악행 않음	육체적, 정신적으로 해를 주지 않음	
이웃 비방 않음	참소하는 말을 듣고도 그 말을 퍼뜨리지 않음	
망령된 자 멸시	망령된 자는 하나님 앞에서 교만한 자임	예수님께서 가르쳐 주신 '첫째 계명'에 해당된다.
야훼를 두려워하는 자를 존대	야훼를 경외하는 마음을 가져야 함	
서원을 변치 않음	약속을 지키는 성실함을 뜻함	예수님께서 가르쳐 주신 '둘째 계명'에 해당된다.
이자 위해 돈 빌려 주지 않음	물질을 사랑하지 말아야 함	
뇌물로 인해 무죄한 자 해치지 않음	부정을 행하지 말아야 함을 뜻함	

24편 : 영광의 왕

다윗이 법궤를 오벧에돔의 집에서 예루살렘으로 옮겨올 때의 기쁨과 영광을 노래한 것이다(삼하 6:12-19).

① 법궤를 가지고 성전에 들어가기에 앞서 이루어지는 입장 선언문의 낭독 (3-6절)

② 법궤의 행진을 찬양(7-8절)

③ 서로 화답하는 대화의 노래(7-10절)

14. 언약갱신시

언약갱신시
이스라엘 백성은 종교적 절기를 야훼와의 언약을 새롭게 하는 계기로 삼기도 했다. 절기의 예배 중에 이스라엘 백성은 자신들이 하나님과 친밀한 언약 관계를 맺고 있다는 사실을 고백해야 했다.

50편 : 감사의 제사

하나님이 진정 원하시는 바를 등한시하고 형식적인 제사 의식만 중요시하는 이스라엘 백성의 죄를 책망한다.

① 심판장이신 하나님(1-6절)

② 참된 제사의 의미(7-15절)

③ 윤리적 생활을 위한 경고(16-21절)

④ 마지막 경고와 약속(22-23절)

81편 : 축제의 시

이스라엘 백성은 출애굽과 광야시대를 기념하기 위해 매년 유월절과 초막절을 지켰다. 그리고 매 7년째 해에는 율법을 낭독하는 초막절을 지켰다(참조. 신 31:10).

① 축제의 찬양(1-4절)

② 출애굽 때의 은혜(5-7절)

③ 이스라엘의 불순종(8-12절)

④ 새로운 충성과 복종에 대한 권면(13-16절)

찬양의 방법

예배, 악기, 온 몸, 온 마음

시편의 적용과 실천

시편 1편을 암송하고 묵상하여 봅니다(1:1-6).

우리의 유일한 피난처요, 요새며, 산성되시는 분은 누구입니까(91:1-13)?

우리는 하나님의 놀라운 은총과 역사하심에 감사하며 나의 갈길 다가도록 인도하시는 야훼 하나님을 생명 다할 때까지 영원히 찬송하는 성도가 되어야 합니다.

시편(1~150편) 읽기

주일	월	화	수	목	금	토
1-23편	24-41편	42-72편	73-89편	90-106편	107-119편	120-150편

잠언

"야훼를 경외하는 것이 지혜의 근본이요 거룩하신 자를 아는 것이 명철이니라" (잠 9:10)

기록목적 잠언서는 하나님께서 택한 백성이 가정과 사회 그리고 국가에서 어떻게 인정받고 인생의 역경 속에서도 어떤 삶의 태도를 가져야 하는지에 대한 실제적인 답을 제시해 주고 있다. 영적, 도덕적, 사회적인 모든 면에서의 지혜로움은 하나님을 경외하는 것이 우선시될 때 온전해 진다고 강조하고 있다(9:10).

저 자 솔로몬과 이스라엘의 신앙적 현인들

특 징
- 다른 고대 근동의 지혜문학과 달리, 지혜의 근원이 이스라엘의 하나님께 있음을 강조한다(9:10).
- 지혜가 인격적인 존재로 의인화되어 있다(1:20-33; 8장).
- 지혜가 의인의 번영과 악인의 멸망이라는 인과응보 사상을 기초하고 있다.
- 시간과 공간을 초월하여 모든 시대의 모든 사람들에게 똑같이 적용될 수 있는 보편적인 진리를 담고 있다.
- 표현방식으로는 두개의 구절이 평행문을 이루는 히브리 시의 형식, 히브리 알파벳시 형식, '~보다 낫다' 의 형식, '숫자에 맞춘 격언' 등이 있다.

내·용·분·해

대분류	소분류	주요 내용
1. 지혜로운 삶 (1:1–9:18)	(1) 솔로몬의 첫째 잠언 (1:1–9:18)	① 잠언의 목적 ② 지식과 지혜의 근본 ③ 삶의 경험에서 얻은 교훈 ④ 지혜의 우월성 ⑤ 지혜와 어리석음
2. 생활에서의 교훈 (10:1–31:31)	(1) 솔로몬의 둘째 잠언 (10:1–22:16)	① 선악의 대조 ② 생활에 관한 교훈
	(2) 지혜자의 교훈 (22:17–24:34)	① 지혜 있는 자의 말씀 ② 절제된 삶 ③ 지혜의 유익 ④ 악인의 멸망과 의인의 형통 ⑤ 부록
	(3) 솔로몬의 셋째 잠언 (25:1–29:27)	① 대인관계에 관한 잠언 ② 생활의 처신에 관한 잠언
	(4) 아굴의 잠언과 르무엘에 대한 교훈 (30:1–31:31)	① 아굴의 잠언 ② 르무엘의 교훈

내·용·연·구

1. 지혜로운 삶(1:1-9:18)

(1) 솔로몬의 첫째 잠언(1:1-9:18)

① 잠언의 목적(1:1-6)

- 잠언서의 일차적인 저자를 밝히고 있다(1:1)
- 잠언의 목적은 지혜, 훈계, 명철, 지식과 근신, 학식 등 지혜의 여러 측면을 깨닫기 위한 것임을 상기 시킨다.

② 지식과 지혜의 근본(1:7)

- 잠언의 주제(1:7; 9:10; 15:33; 31:30)로서 지식과 지혜에 대한 잠언서의 지론은 "야훼를 경외하는 것" 이다.
- 야훼를 경외하는 것은 지식과 지혜의 근본이고, 야훼를 경외하는 것은 곧 하나님을 아는 것을 의미한다.

③ 삶의 경험에서 얻은 교훈들(1:8-7:27)

- 교훈의 말은 지혜 문학의 형식 중 하나로서 대상(내 아들)을 부르고, 명령을 지시한 후, 그 결과를 가르친다.
- 나쁜 무리와 어울리는 것을 경고하며, 폭력을 수단으로 부를 얻고자 하는 것은 스스로를 죽음에 이르게 하는 악한 행위라고 교훈한다(1:8-19).
- 지혜가 여성으로 인격화되어 지혜의 교훈을 무시할 때 오는 무서운 결과에 대해 경고한다(1:20-33).

"야훼를 경외하는 것이 지혜의 근본이요 거룩하신 자를 아는 것이 명철이니라" (잠 9:10)

삶에 대한 교훈을 수집한 지혜서

내용	구절
부모님에 대한 공경	1:7-8; 19:26; 20:20; 23:25; 28:23; 30:27
성(性) 윤리	5:3; 5:18-19; 6:26, 29,32; 7장 등
근면	6:6; 20:4; 26:13-15
겸손	15:33; 16:18; 22:4
말조심	10:19,31-34; 11:13; 12:19-22; 13:3; 15:4; 16:24, 28; 18:6, 21
술과 독주	23:30-35; 31:4-5
사회 정의	10:2; 11:25, 27; 14:31; 15:27; 17:15, 23; 18:5; 20:10,17; 26:15-17, 27; 29:10
자제	10:19; 15:18; 16:32
관용	잠언 10:12; 24:29

- 지혜를 추구하는 자에게 주어지는 결과는 영혼의 평안함을 경험할 수 있으며, 악한 행위와 사특한 자의 계교에 빠지지 않게 된다(2:11-12).
- 장수와 평강과 귀중히 여김을 받으며, 하나님의 지도와 영육간의 강건함, 물질이 넉넉하여지고 영화롭게 되며 안전하게 되는 등 이 모든 것은 지혜의 말씀에 순종할 때 받는 축복이다(3:2-22).
- 지혜로운 자는 마음을 지키기 위해 특히 말하는 것, 보는 것, 행동하는 것에 대해 주의해야 한다(4:24-27).
- 하나님이 음행에 대해 엄격하게 금하고 계신다. 음녀의 유혹에 넘어갈 때 얻게 되는 즐거움은 잠깐이며 그 결과는 허탈감과 영원한 멸망이다(5:7-14).
- 경계해야 할 어리석은 일들은 이웃을 위해 채무보증을 서는 것, 게으름과 불량한 자와의 사귐과 음행이다(6:1-7:27).

마음을 지키는 비결
(잠 4:23-29)
- 입술을 지킬 것
- 눈을 지킬 것
- 발을 지킬 것

〈하나님이 미워하시는 악행〉

악의 내용	의미	관련성구
① 교만한 눈(6:17)	· 교만은 모든 죄의 근본으로 하나님께 불순종하게 만든다. · 하나님은 교만한 자를 반드시 심판하신다.	잠 21:4; 30:13
② 거짓된 혀(6:17)	· 하나님은 진리이시므로 거짓을 미워하신다. · 거짓은 마귀에서부터 시작되었다.	잠 12:1; 17:7; 21:6; 요 8:44
③ 무죄한 자의 피를 흘리는 손(6:17)	· 이것은 위에서 언급한 죄의 발전된 형태이다. · 가인은 마귀에게 속하여 아우를 살인하는 죄를 지었다.	잠 1:11,16; 요일 3:12

악의 내용	의미	관련성구
④ 악한 계교를 꾀하는 마음(6:18)	하나님은 마음의 은밀한 것을 감찰하신다. 마음은 죄가 배태되는 곳이다.	잠 1:31; 24:2; 눅 6:45
⑤ 빨리 악으로 달려가는 발(6:18)	마음에서 시작된 죄악이 실행되는 것을 뜻한다.	잠 1:16; 롬 3:15
⑥ 거짓을 말하는 망령된 증인(6:19)	일곱 가지의 죄 가운데 거짓에 속하는 것이 두 가지이다. 이것은 하나님께서 거짓을 미워하시되 곱절로 미워하심을 보여준다.	잠 12:17,18; 25:18
⑦ 형제 사이를 이간하는 자(6:19)	마귀는 분리시키는 자이다. 그러므로 형제 사이를 분리시키는 자는 마귀에게 속한 것이다.	잠 6:14

④ 지혜의 우월성(8:1-36)

- 지혜를 특별히 여성으로 의인화한 지혜의 찬미이다(1:20-39).
- 인간에게 해악을 미치는 음녀(7장)와 대조하여, 지혜가 궁극적으로 인간을 유익하게 하고 생명으로 이르게 한다는 사실을 깨우쳐 준다.
- 지혜를 얻는 삶의 가치는 은, 정금, 진주 등을 얻으려는 물질을 추구하는 삶의 가치보다 더 높다고 묘사되고 있다(8:6-21).

⑤ 지혜와 어리석음(9:1-18)

- 지혜가 사람들을 자신의 집으로 초대하는 것과 같이, 어리석음도 자신의 집으로 사람들을 초대한다. 지혜의 초대에 응한 자는 야훼를 경외하는 자로서 더욱 지혜로워진다.

〈지혜와 어리석음의 비교〉

구분	지혜의 초대	어리석음의 초대
의인화의 대상	덕 있는 주부(9:3)	미련한 여인(9:13)
초대 장소	일곱 기둥으로 다듬은 집(9:1)	성읍 높은 곳에 있는 자리(9:14)
접대 준비	짐승과 포도주로 근사한 잔치를 배설함(9:2, 5)	도둑질한 물과 떡(9:17)
초대 대상	어리석은 자와 지혜없는 자(9:4)	어리석은 자와 지혜없는 자(9:16)
초대받은 결과	생명을 얻는다(9:6)	스올로 가게 된다(9:18)

2. 생활에서의 교훈(10:1-31:31)

(1) 솔로몬의 둘째 잠언(10:1-22:16)

① 선악의 대조(10:1-15:33)

의인의 삶	결과	악인의 삶	결과	관련성구
야훼를 경외하여 그 계명을 지킴	장수, 부하게 됨	입술에 독을 머금고 항상 패역을 말함	두려워하는 것이 임하여 망함	10:1-32
구제하는 데 인색하지 않음	풍족하여 짐	자기의 재물을 의지	패망함	11:24-28
부지런히 일하는 자	부유하게 됨 남을 다스림	게으른 자	가난하여짐	12:24-28

- 지혜로운 자녀는 부모로부터 훈계를 즐겨 들으며, 부모는 자식을 사랑하고 바르게 교육하기 위해서 매와 징계를 아끼지 않아야한다(13:1-24).

- 지혜로운 자는 하나님을 두려워하며 악을 떠나 스스로 삼가 행동한다. 하지만 악인은 어리석어 마음이 성급하여 말과 행동을 함부로 한다(14:1-35).
- 매사에 즐거운 마음은 삶에 유익과 선을 행하게 한다. 그러나 근심은 마음을 상하게 하여 생활의 평안을 잃게 한다(15:13-17).

가난의 원인	관련 성구	부의 원인	관련 성구
게으르다	10:4; 19:5	부지런하다	10:4
불의를 행한다	13:23; 22:16	의를 행한다	10:3
미련하다	21:20	지혜롭다	21:20
방탕을 좇는다	21:17; 23:21; 29:3	야훼를 경외한다	22:4
잠자기를 좋아한다	24:33, 34	구제를 힘쓴다	11:25; 28:27
교만하다	16:18	겸손하다	22:4

② 생활에 관한 교훈(16:1-22:16)

- 하나님의 섭리(16장): 하나님께서 주권적인 섭리에 따라 온 우주 만물을 창조하셨으므로 우리의 모든 행사를 하나님께 맡길 때 경영하는 모든 것이 이루어진다.
- 화평케 하는 자(17장): 가정이나 사회의 일상생활 가운데 행복은 그 구성원들간의 서로 화목하는 것에서 기인한다.
- 미련한 자와 명철한 자(18장)

미련한 자	명철한 자
타인의 충고를 꺼려함	교훈 듣기를 원함
자기주장만 내세움	귀가 열려 있음
험담을 일삼아 욕을 당함	겸손한 자세

일을 진행하는 자세
(잠 16:3-9)

- 하나님을 절대 의뢰함(3:5)
- 범사에 하나님을 인정(3:6)
- 모든행사를 야훼께 맡김(16:3)
- 하나님의 인도를 구함(16:9)
- 하나님의 뜻이 서도록(19:21)

- 인자한 태도(19장): 분노를 제어할 뿐만 아니라 다른 사람의 허물까지도 용서해 주는 것이 더욱 지혜로운 삶이라고 강조한다(19:6-11). 노하기를 더디하는 것(19:19)은 일상 생활 가운데서 곤란하고 어려운 일을 모면하는 현명한 태도이다.
- 경건한 생활(20장): 일상생활 가운데 절제를 추구하고 다른 사람들과의 다툼을 피해야 한다(20:1-3). 또한 지혜로운 자는 하나님과 사람에게 무엇이든 성실하게 행해야 한다(20:7).
- 의와 공평(21장): 하나님께서는 인간이 중요한 정책을 결정할 때에 모든 것을 주관하시는 하나님을 의뢰하여 공의를 행하는 지와 그 마음의 생각과 동기까지도 감찰하시고 평가하신다.
- 잠언의 종결(22장): 지혜로움의 요소는 겸손함과 하나님을 경외하는 삶이며, 그에 따른 보상은 재물과 영광과 생명이다.

"야훼를 경외하는 것은 사람으로 생명에 이르게 하는 것이라" (잠 19:23)

'생명'에 이르게 하는 요소	관련성구
지혜와 근신을 지킴	3:21-22
훈계를 잡아 놓치지 않고 마음을 지킴	4:13,23
지혜를 얻고 명철의 길을 행함	8:35; 9:6
의로운 수고와 의를 굳게 지킴	10:16; 11:19
의의 길을 걷고 입을 지킴	12:28; 13:1
야훼 하나님을 경외함	19:23
의와 인자를 따라 구함	21:21
겸손하고 정직함	22:4; 29:10

(2) 지혜자의 교훈(22:17-24:34)

① 지혜 있는 자의 말씀(22:17-29)

- 지혜 있는 자의 말씀에 귀를 기울여 듣고, 마음에 새기고, 그 교훈들을 전하는 생활을 하라고 권하고 있다.

② 절제된 삶(23:1-35)

- 지혜자는 탐욕과 육신의 쾌락을 버리고 절제된 삶을 살아야 한다.
- 지혜롭고 정직하게 행하며, 하나님을 경외하고, 술 취함을 피하고, 음녀의 유혹에 빠지지 않는 자가 되라고 언급하고 있다.

③ 지혜의 유익(24:1-14)

- 지혜와 명철에 의지하여 사는 삶은 후회 없이 성공적으

로 사는 삶이 될 뿐만 아니라 꿀과 같은 역할을 하여 우리의 영혼의 건강과 즐거움을 누리게 되는 밝은 미래의 소망이 있다.

④ **악인의 멸망과 의인의 형통**(24:15-22)

- 악한 자의 특징은 남의 것을 탐낼 뿐 아니라 악한 방법으로 남의 것을 차지하고자 한다. 악인의 형통함은 잠깐이며 장래가 없고 결국 심판받게 되어 멸망당한다.

⑤ **부록**(24:23-34)

- 재판장은 부정과 편견을 멀리하고 공의를 행할 때 평안함과 기쁨을 얻어 축복을 얻게 된다.
- 가정을 가지려 할 때 먼저 일터에서 열심히 일하여 경제적인 여유를 가져야 한다고 교훈하고 있다.
- 게으름을 멀리해야 하는데 게으른 자는 결국 가난하게 된다.

(3) 솔로몬의 셋째 잠언(25:1-29:27)

① **대인관계에 관한 잠언**(25:1-26:28)

- 대인관계로서 왕(25:1-7), 이웃(25:8-28), 미련한 자(26:1-12), 게으른 자(26:13-16), 다투는 자(26:17-28) 등에 관한 잠언들이다.

② **생활의 처신에 관한 잠언**(27:1-29:27)

- 책망의 유익(27장)

사랑하는 마음 가지고 책망하는 것에 귀 기울이는 것은 궁극적으로 유익을 얻게 된다(27:5-6).

- 의인과 악인의 대조(28장)

의인	결과	악인	결과
야훼를 의지, 경외함	하나님 앞에 은총을 입게 됨	율법을 버림	자신 스스로를 멸망으로 이끄는 지름길
율법을 지키는자		위선적인 기도를 함	
성실히 행함		탐욕	
정직함		가난한 자를 못 본체 함	

- 공의로운 통치(29장)

솔로몬이 왕으로서 나라를 다스리는 과정에서 얻은 지혜의 일부로 통치자를 대하는 지혜로운 자세, 이웃에 대한 바른 자세, 미련한 자와 게으름에 대한 경고, 거짓말에 대한 경계 등의 교훈을 언급하고 있다.

(4) 아굴의 잠언과 르무엘에 대한 교훈(30:1-31:31)

① 아굴의 잠언(30:1-33)

- 하나님만을 의지할 것을 교훈하고, 자신이 가난과 부유의 양쪽 유혹에 빠지지 않도록 기도하고 있다.
- 악을 행하는 네 종류의 사람, 만족할 줄 모르는 네 가지, 범죄의 흔적을 숨기는 네 가지, 참기 어려운 네 가지 일, 약하지만 지혜로운 네 가지 동물을 통해서 교훈

하고 있다.

② **르무엘에 대한 교훈**(31:1-31)

- 르무엘 왕의 어머니가 르무엘에게 피해야 할 마땅하지 않은 일에 대해 말하고, 좋은 왕의 자질에 대해 가르치며, 현숙한 아내에 대해 설명한다.

잠언의 적용과 실천

성도간의 교제 가운데 실수나 잘못에 대해 지적해 주는 책망의 소리를 어떻게 받아 들이고 있습니까(9:8)?

지금 삶 가운데 씻어내야 할 내적인 더러움은 무엇입니까(30:12)?

야훼 하나님에 대한 의뢰와 경외심은 불신자에게서 찾을 수 없는 신앙인의 삶의 특징입니다. 인간의 마음은 모든 악의 근원이 되기도 하고 선의 원천이 되기도 합니다. 우리의 삶이 어떠한 상황에서도 마음을 지키며 나아갈 때 하나님의 뜻대로 모든 일이 합력하여 선을 이루게 됩니다.

잠언(1~31장) 읽기

주일	월	화	수	목	금	토
1:1-4:27	5:1-10:31	11:1-15:33	16:1-20:30	21:1-24:1	25:1-29:27	30:1-31:31

전도서

"전도자가 이르되 헛되고 헛되며 헛되고 헛되니 모든 것이 헛되도다" (전 1:2)

기록목적 전도서는 사람의 모든 노력과 수고가 결국에는 헛되고 헛되다고 고백함으로써 우리 인생의 주관자 하나님을 경외하고 그의 명령들을 지키는 것이 바로 우리의 삶에 진정한 의미를 가져다주는 것임을 가르쳐주기 위해 기록되었다(12:13-14).

저 자 솔로몬

특 징
- 전도서 본문의 서술 방식은 독자와의 거리를 가깝게 하고 신뢰감을 주는 '나' 라는 일인칭 대명사를 사용한 독백 형식을 사용하고 있다.
- 썩을 것과 썩지 않을 것을 분별하는 자는 영적 실재에 접근할 수 있음을 알리고 있다.
- 하나님 없이 사는 인생은 수고와 절망뿐임을 말하고, 동시에 오직 하나님만이 우리 삶의 궁극적인 목적임을 알려준다.
- 미래적 시각(우리의 삶에 대한 하나님의 최종 심판)으로 현재를 살도록 말하고 있다(참조. 마 23:37; 눅 10:27).

내·용·분·해

대분류	소분류	주요 내용
1. 인생의 허무와 하나님 경외 (1:1–12:14)	(1) 인간 만사의 헛됨 고백(1:1–6:12)	① 지혜 찾음의 헛됨 ② 인간의 수고와 재주의 헛됨 ③ 생명의 헛됨 ④ 정치권력의 헛됨 ⑤ 인간적 예배의 헛됨 ⑥ 재물의 헛됨
	(2) 참된 지혜의 말씀 (7:1–12:8)	① 형통한 날과 곤고한 날의 반복의 삶 ② 지혜로운 중용의 삶 ③ 현실에서의 보상과 형벌의 원칙 ④ 즐겁게 사는 것이 우리 삶의 몫 ⑤ 지혜자와 우매자의 비교 ⑥ 하나님과 사람의 일의 구분 ⑦ 청년이 기억해야 할 일
	(3) 하나님 경외에 대한 결론적 권고(12:9–14)	① 하나님 경외

내·용·연·구

1. 인생의 허무와 하나님 경외(1:1-12:14)

(1) 인간 만사의 헛됨 고백(1:1-6:12)

① 지혜 찾음의 헛됨(1:1-2:17)

- 솔로몬은 제한적인 인간의 지혜와 지식의 한계로 해 아래에서 수고하는 모든 것은 헛되다고 선언한다(1:2, 14,17).

② 인간의 수고와 재주의 헛됨(2:18-3:17)

- 적절한 때를 하나님이 정하셨지만 인간은 그것을 알 수 없고, 오직 인간이 할 수 있는 일은 하나님이 주신 선물인 희락을 누리는 것 밖에 없다고 가르친다(3:12-13).

③ 생명의 헛됨(3:18-4:12)

- 하나님의 축복을 받고, 우매자는 하나님에게 심판을 받는다는 보응의 원리는 세상의 불의(4:1-3)와 인생과 짐승이 모두 죽음이라는 공통된 운명을 맞이하게 된다는 것을 볼 때 별 위로가 되지 않는다(3:18-21).

④ 정치권력의 헛됨(4:13-16)

- 정치적인 권력을 얻으려는 인간의 노력도 또 다른 정치 권력자가 등장함으로써 모든 사람들의 기억 속에서 남아 있지 않게 되는 헛된 결과를 얻게 된다.

"일의 결국을 다 들었으니 하나님을 경외하고 그의 명령들을 지킬지어다 이것이 모든 사람의 본분이니라" (전 1:13)

세상사의 헛된 것
해 아래서 경험된 지혜(1:12-18)
향락(2:1-3)
부(2:4-8)
권력(2:9-10)

⑤ **인간적 예배의 헛됨**(5:1-9)

- 하나님 앞에서 제물을 드리는 예배를 드리면서 행하는 말(기도와 서원)을 조심하도록 권면한다.

⑥ **재물의 헛됨**(5:10-6:12)

- 인간은 죽음을 넘어서 자신의 재물을 가지고 갈 수 없기 때문에 사람의 수고로 재물을 모으고 쌓는 것이 모두 헛된 것임을 이야기한다(5:10, 15).
- 오직 하나님께서 주신 좋은 것들과 재물을 누리고 즐기는 것이 더 나은 일이다(5:19; 6:2).

(2) 참된 지혜의 말씀(7:1-12:14)

① **형통한 날과 곤고한 날의 반복의 삶**(7:1-14)

- 인간은 모든 것을 알 수 없고 자신의 의지와 상관없이 형통한 날과 곤고한 날을 경험하기 때문에 하나님을 의지하고, 하나님께서 주신 삶을 적극적으로 즐기며 살아야 함을 역설한다.

7가지의 더 나은 인생의 모습
좋은 이름이 좋은 기름보다 낫다(7:1)
죽는 날이 출생하는 날보다 낫다(7:1)
초상집에 가는 것이 잔칫집에 가는 것보다 낫다(7:2)
슬픔이 웃음보다 낫다(7:3)
지혜로운 사람의 책망을 듣는 것이 우매한 자들의 노래를 듣는 것보다 낫다(7:5)

7가지의 더 나은 인생의 모습
일의 끝이 시작보다 낫다(7:8)
참는 마음이 교만한 마음보다 낫다(7:8)

② **지혜로운 중용의 삶**(7:15-8:8)

- 진정한 지혜의 삶은 지나친 악과 지나친 의로움, 지나친 어리석음과 지나친 지혜로움 모두 경계해야만 하고, 이를 위해 하나님을 경외하라고 권면한다(7:15-18).

③ **현실에서의 보상과 형벌의 원칙**(8:9-17)

- 궁극적으로는 의인은 보상을 받고 악인을 형벌을 받는다.

④ **즐겁게 사는 것이 우리 삶의 몫**(9:1-16)

- 하나님께서 우리 인생에게 주신 이 땅위에서의 삶의 여정에서 할 수 있는 대로 삶을 누리며 즐기며 살드록 권면한다(9:7-9).

우매자의 특징(전 10:12-15)
입술로 자기를 멸함(12절)
말을 많이 함(14절)
사람들을 곤하게 함(15절)

⑤ **지혜자와 우매자의 비교**(9:17-10:20)

- 지혜가 우매한 것보다는 삶에서 더 나은 영향을 끼친다. 지혜 있는 태도로서 게으르지 말고 성실할 것, 삶을 즐겁게 누리는 것, 권세 있는 자를 존중할 것을 권면한다.

⑥ **하나님과 사람의 일의 구분**(11:1-6)

- 인생에서 경험되는 것은 사람의 결정에 의해 주도되기보다는 하나님의 역사를 통해 이루어진다. 그럼에도 불

지혜로운 삶의 태도(전 11:1-8)

- 선행과 구제에 힘씀(1-2절)
- 장래 일을 살펴 행함(4절)
- 장래 일을 알 수 없음을 인정(5절)
- 범사를 야훼께 맡김(6절)
- 최선을 다함(6절)
- 감사하며 즐겁게 살아감(7-8절)

구하고 인간은 최선을 다해 자신의 일을 감당해야 한다.

⑦ **청년이 기억해야 할 일**(11:7-12:8)

- 피할 수 없는 죽음을 맞이할 것과 자신이 선택한 삶의 결과에 책임을 져야 한다는 것, 그리고 시간이 덧없이 지나간다는 것이다.
- 사람의 능력이 쇠잔해지기 전인 청년 때에 적극적으로 자신의 인생을 즐기고 누릴 것을 권면한다.

(3) 하나님 경외에 대한 결론적 권고(12:9-14)

① **하나님 경외**(12:9-14)

- 솔로몬은 자신의 인생의 경험과 연구를 통해 하나님이 없는 세상의 삶 즉, '해 아래'의 모든 삶이 헛된 것임을 명백하게 밝힌다.
- 하나님을 경외하는 구체적인 삶의 지침으로써 그의 명령을 지키는 것이 우리의 본분이라고 결론을 맺는다.

전도서의 적용과 실천

- 오늘 하루도 세상의 부와 명예와 권력만을 얻기 위해 살지 않았습니까(2:4-11)?

- 하나님께서 우리에게 건전한 기쁨과 즐거움을 허락하셨는데 지금 누리고 있는 즐거움들은 주님 안에서 합당한 것입니까(11:9)?

우리는 어느 때이든지 창조주 하나님을 기억해야 합니다. 더불어 젊을 때 바른 신앙의 생활을 하고 인생 최고의 가장 황금기를 하나님 앞에 드리며 사는 복된 삶이 되어야 합니다.

전도서(1~12장) 읽기

주일	월	화	수	목	금	토
1:1-3:17	3:18-4:16	5:1-6:12	7:1-8:8	8:9-9:16	9:17-11:6	11:7-12:14

아가

"많은 물도 이 사랑을 끄지 못하겠고 홍수라도 삼키지 못하나니 사람이 그의 온 가산을 다 주고
사랑과 바꾸려 할지라도 오히려 멸시를 받으리라" (아 8:7)

기록목적 노래 중의 노래라고 불리어지고 있는 '아가서'는 솔로몬 왕과 술람미 여인이라는 남녀 간의 사랑을 통해, 신랑이신 예수 그리스도와 그의 신부인 교회와의 관계를 상징적으로 보여 주기 위해 기록되었다.

저 자 솔로몬

특 징
- 하나님께서 인간에게 주신 선물인 남편과 아내의 사랑에 대해 노래하는 행복하고 건강한 사랑의 지침서이다.
- 히브리시의 특징인 평행법, 함축적인 표현, 시적 장치, 완곡어법, 풍부한 연상과 상상력을 자극하는 은유와 이미지 등을 사용하고 있다.
- 하나님에 대한 직접적인 언급이 없지만, 예수 그리스도와 교회 사이의 언약적 관계를 상징적으로 잘 보여 준다.
- 사랑하는 자와 사랑받는 자 그리고 주위의 인물들이 번갈아 가면서 노래하는 방식을 취하고 있다.

내·용·분·해

대분류	소분류	주요 내용
1. 사랑의 시작 (1:1–5:1)	(1) 사랑에 몰입(1:1–2:17)	① 사랑을 갈망하는 신부 ② 사랑 표현의 상호 교환 ③ 왕과 여인의 만남
	(2) 사랑으로 하나 됨 (3:1–5:1)	① 결혼 승낙 ② 결혼 행진 ③ 신부의 아름다움을 칭송하는 신랑
2. 사랑의 성숙 (5:2–8:14)	(1) 사랑의 갈등(5:2–6:3)	① 신랑을 잃은 신부의 슬픔 ② 신랑의 특별한 모습 ③ 신랑의 재발견
	(2) 사랑이 자라감 (6:4–8:14)	① 신랑의 변함없는 사랑 ② 신부의 모습 ③ 신부의 사랑 고백 ④ 사랑의 생명력 ⑤ 사랑의 완성

내·용·연·구

1. 사랑의 시작(1:1-5:1)

(1) 사랑에 몰입(1:1-2:17)

① 사랑을 갈망하는 신부(1:1-8)

- 솔로몬 왕의 사랑을 받아드린 술람미 여인은 자신의 얼굴이 검음으로 인해 자신이 결혼상대자로 적격자가 아님을 이야기한다(1:5-6).

② 사랑 표현의 상호 교환(1:9-2:7)

- 술람미 여인의 아름다움에 솔로몬 왕은 탄복하며 최고의 찬사를 보내며(1:8-17), 술람미 여인은 왕의 위엄과 따뜻한 사랑을 찬미한다(2:4-7).

③ 왕과 여인의 만남(2:8-17)

- 술람미 여인은 솔로몬 왕이 자신을 사랑하는 것에 대해 회화적으로 섬세하게 묘사하고 있다(2:10-14).
- 사랑의 터전인 포도원을 허는 여우를 잡으라고 함으로써 그들의 사랑을 훼방하는 장애물을 극복하려고 한다(2:15).

"내 누이, 내 신부야 네 사랑이 어찌 그리 아름다운지 네 사랑은 포도주보다 진하고 네 기름의 향기는 각양 향품보다 향기롭구나" (아 4:10)

(2) 사랑으로 하나 됨(3:1-5:1)

① 결혼 승낙(3:1-5)

- 술람미 여인의 연인(신랑)을 향한 사랑은 지극하여 꿈속에서도 찾기에 이른다. 성 안에서 연인을 만난 술람미 여인은 그를 자신의 어머니 집으로 인도하게 되고 결혼 승낙을 받는다.

② 결혼 행진(3:6-11)

- 술람미 여인을 신부로 맞이하는 솔로몬 왕의 장엄하고 화려한 결혼식 행렬이 그 모습을 드러낸다.

③ 신부의 아름다움을 칭송하는 신랑(4:1-5:1)

- 솔로몬 왕은 신방에 들어서서 술람미 여인을 가까이 바라보면서 사랑스런 정원의 비유로 술람미 여인의 아름다움을 칭송한다(4:12-15).

술람미 여인의 아름다움을 묘사한 내용(아 4:1-7:9)	
눈	비둘기
머리털	길르앗 산 염소
이	쌍태 낳은 암양
입술	홍색실
입	어여쁨
뺨	석류 한 쪽
목	다윗의 망대
유방	쌍태 노루 새끼
코	레바논의 망대
배꼽	포도주가 가득한 둥근 잔
허리	백합화로 두른 밀단
다리	공교한 장색이 만든 구슬 궤
키	종려나무

2. 사랑의 성숙(5:2-8:14)

(1) 사랑의 갈등(5:2-6:3)

① 신랑을 잃은 신부의 슬픔(5:2-8)

- 밤중에 사랑하는 자가 긴 여행을 마치고 돌아왔고 잠들어 있었던 신부는 신랑의 소리를 듣고 문을 열었으나 이미 신랑은 떠났다.

- 그녀는 신랑을 찾아 나섰지만 찾지 못하고 오히려 해를 입기에 이르렀고, 그를 잃은 슬픔으로 병이 들게 되었다.

② 신랑의 특별한 모습(5:9-16)

- 신랑의 고매한 인품을 깨달은 신부는 신랑의 모든 것이 사랑스럽다고 고백한다. 신부가 표현한 신랑의 모습은 영광을 받으시기에 합당한 예수 그리스도를 표현한다.

신랑의 모습으로 표현된 예수 그리스도	
순금 같은 머리(5:11)	왕의 권세로써 다스리시는 예수 그리스도의 주권을 상징한다.
까마귀 같이 검은 머리털(5:11)	다함이 없는 예수 그리스도의 생명력을 상징한다.
시냇가의 비둘기 같은 눈(5:12)	온유하고 순결한 예수 그리스도의 성품을 상징한다.
향기로운 꽃밭과 향기로운 풀언덕과도 같은 뺨(5:13)	예수 그리스도는 인생을 즐겁게 해주시는 향기시다.
백합화 같은 입술(5:13)	예수 그리스도의 입술에서 나오는 은혜로운 말씀을 상징한다.
황옥을 물린 황금노리개 같은 손(5:14)	그 손의 행사가 놀랍고 아름다운 예수 그리스도의 사역을 말해준다.
아로새긴 상아에 청옥을 입힌 듯 한 몸(5:14)	신부를 향한 따스하고 온유한 열정과 사랑을 가지신 예수 그리스도의 모습을 보여 준다.
순금 받침에 세운 화반석 기둥 같은 다리(5:15)	예수 그리스도는 인간의 어떠한 무거운 짐도 짊어질 수 있는 분이시다.
레바논 같고 백향목처럼 보기 좋은 생김새(5:15)	예수 그리스도의 모습을 상징한다.
달콤한 입(5:16)	모든 믿는 자에게 그 입술의 말은 달콤한 양식이 된다.

③ 신랑의 재발견(6:1-3)

- 신부는 동산 안에서 양떼를 먹이고 있는 신랑을 발견하

고 자신의 사랑과 진실한 마음을 고백한다.

(2) 사랑이 자라감(6:4-8:14)

① 신랑의 변함없는 사랑(6:4-9)

- 신랑은 신부의 성숙한 사랑을 칭찬하면서 신부에게 베풀었던 이전의 사랑을 확인한다. 신랑은 첫사랑의 열정을 회복한 신부를 궁정의 여인들보다도 더욱 사랑하였다(6:8-9).

② 신부의 모습(6:10-7:9)

- 5장에서 노래한 신랑의 아름다움에 대한 화답으로써, 신랑은 신부의 아름다움을 비유적인 어법을 사용하여 생생하게 표현하고 있다.

③ 신부의 사랑 고백(7:10-8:4)

- 그리스도에 대한 성도의 신앙이 어떻게 변모되어 가는지를 잘 보여주고 있다(2:16; 6:3; 7:10).

그리스도에 대한 성도의 신앙의 단계	
초보	자기중심적으로 예수를 믿는 신앙(2:16)
중간	신앙의 중심이 자기중심에서 그리스도로 바뀌어 가는 과정(6:3)
성숙	온전한 그리스도 중심적인 신앙(7:10)

- "예루살렘 여자들아 내가 너희에게 부탁한다 나의 사랑하는 자가 원하기 전에는 흔들지 말며 깨우지 말지니

라" (8:4)에서 보듯이 신부의 신랑을 향한 간절하고 애틋한 사랑이 표현되어 있다.

④ **사랑의 생명력**(8:5-12)

- 참사랑의 불은 그 누구도 끌 수 없고 변개시킬 수 없음을 물, 홍수, 도장, 스올의 은유를 통해서 강하게 표현하고 있다(8:6-7).

⑤ **사랑의 완성**(8:13-14)

- 신부의 소리에 대한 신랑의 갈망에 대해 신부는 연가(2:17)를 부름으로 사랑의 완성을 향해 달려고 있음을 알 수 있다.

아가의 적용과 실천

우리의 신랑되시는 예수 그리스도를 가까이 두기를 갈망하고 있습니까(2:8-17)?

주님과 맺은 첫 사랑을 잊지 않고 재림의 소망을 두고 정결하고 정숙한 신부로서 삶을 살아가고 있습니까?

사랑의 힘보다 더 크고 위대한 창조적 능력을 가진 것은 없습니다. 주님을 향해 처음으로 품었던 그 사랑, 그 믿음, 그 열정을 잊지 말아야 합니다.

아가(1~8장) 읽기

주일	월	화	수	목	금	토
1:1-2:17	3:1-11	4:1-16	5:1-16	6:1-14	7:1-13	8:1-14

이사야

"그가 찔림은 우리의 허물 때문이요 그가 상함은 우리의 죄악 때문이라 그가 징계를 받으므로 우리는 평화를 누리고 그가 채찍에 맞으므로 우리는 나음을 받았도다" (사 53:5)

기록목적 이사야는 심판 가운데서 오직 정의와 공의의 회복만이 구원의 길임을 제시하고, 궁극적으로 세계와 역사의 주가 되시는 하나님을 온전히 신뢰함을 통해 이루어지는 하나님과의 관계회복이 시온의 회복, 나아가 열방의 구원에까지 이르게 됨을 기록하였다.

저　자 이사야

특　징
- 하나님께서 통치의 중심지로 시온에 거주하신다는 시온신앙이 중심사상으로 나타난다.
- 국내와 국제적인 사회 정의와 윤리 그리고 역사의 주권자이신 하나님이 나타난다.
- 극심한 혼란과 위기의 상황 속에서 하나님만을 신뢰할 것을 촉구한다.
- 영원한 메시야(예수 그리스도)에 대한 소망을 보여주는 약속들을 포함하고 있다.

내·용·분·해

대분류	소분류	주요 내용
1. 이사야의 심판 예언 (1:1–35:10)	(1) 예루살렘/시온과 유다를 향한 심판과 구원(1:1–12:6)	① 야훼의 소송 ② 심판의 근거 ③ 심판의 도래
	(2) 각 이방민족에 대한 심판(13:1–23:18)	① 하나님의 경고 ② '그 날'에 대한 희망
	(3) 이사야의 묵시 – 마지막 때에 있을 일에 대한 묵시(24:1–27:13)	① 땅에 대한 우주적 심판 ② 야훼의 구원의 장소: 시온
	(4) 이스라엘과 유다/예루살렘을 향한 심판과구원 (28:1–35:10)	① 유다의 심판 ② 심판의 이유 ③ 심판 이후의 구원의 길
2. 이사야의 이야기 (36:1–39:8)	(1) 산헤립의 침공에서의 시온의 구원 (36:1–37:38)	① 히스기야의 기도 ② 하나님의 구원
	(2) 히스기야의 치유 (38:1–39:8)	① 히스기야의 치유
3. 이사야의 구원 예언 (40:1–66:24)	(1) 바벨론으로부터의 귀환과 시온의 회복에 대한 약속 (40:1–55:13)	① 서론 ② 이스라엘의 회복 ③ 시온으로의 귀환 ④ 야훼의 종의 노래 ⑤ 결론
	(2) 시온 공동체의 내적 변화와 이방들과의 관계 회복에 대한 약속(56:1–66:24)	① 올바른 예배자 ② 윤리적 의와 용사되신 하나님 ③ 세상의 빛으로서의 예루살렘 ④ 용사되신 하나님과 윤리적 의 ⑤ 올바른 예배자

내·용·연·구

1. 이사야의 심판 예언(1:1-35:10) - 정의, 공의

(1) 예루살렘/시온과 유다를 향한 심판과 구원(1:1-12:6)

① 야훼의 소송(1:1-5:7): 정의와 공의의 부재, 교만

- 유다와 예루살렘은 하나님의 뜻(1:2; 5:1-4)과 정의와 공의(1:11-31; 5:1-7)를 버리고(1:21,27; 5:7) 창기처럼, 들포도를 내는 포도원(1:21; 5:4) 처럼 살아가는 교만함을 보인다(2:6-22; 3:16-4:1).

② 심판의 근거(5:8-10:19): 죄의 모습들 - 하나님의 심판

- 이스라엘의 불순종과 불신앙에 진노하신 하나님께서는 이스라엘에게 참혹한 심판을 내리실 것이며(5:25; 9:8-21), 심판은 결코 돌이킬 수 없다(6:11-13)고 예언한다.
- 이사야는 그들에게 만군의 야훼만을 경외하라고 촉구하면서(8:13) 굳게 믿지 않으면 굳게 설 수 없다는 예언도 선포한다(7:9).

"그러므로 주께서 친히 징조를 너희에게 주실 것이라 보라 처녀가 잉태하여 아들을 낳을 것이요 그의 이름을 임마누엘이라 하리라" (사 7:14)

유다와 예루살렘은 가난하고 소외된 자들을 압제하며(5:8-24; 10:1-19), 이사야의 예언도 들으려 하지 않았다(6:9-10).

국가적 위기상황
(시리아-에브라임 전쟁)
인간적인 방법으로 앗수르를 의지함(8:9-15)

이사야의 소명(6장)

(1) 배경(6:1–4)

웃시야의 통치기간은 나라의 번영은 가져 왔으나 그는 말년에 교만해져 타락했고, 백성들 또한 하나님을 떠나 죄악의 길로 걸어갔다. 이러한 상황에서 웃시야가 죽던 해 민족의 죄를 위해 성전에 엎드려 기도하다가 만군의 야훼이신 왕(하나님)을 뵈었다.

(2) 하나님의 부르심과 이사야의 반응(6:5–9)

① 죄를 깨달음(6:5) : 화로다 나여 망하게 되었도다
② 죄를 고백함(6:5) : 나는 입술이 부정한 사람이요
③ 악이 제거되고 죄를 용서함 받음(6:7) : 천사가 핀 숯을 입술에 댐
④ 하나님께 헌신(6:8) : 내가 여기 있나이다 나를 보내소서

이사야가 하나님의 부르심에 반응하여 헌신하는 과정은 처음 소명을 거부한 예레미야나 모세의 반응과는 대조를 이룬다. 우리가 부족한 존재이며 죄악 중에 살았음에도 하나님은 인격을 변화시켜 사명을 감당할 능력을 부어 주신다.

이사야 1-12장

부분	구절	주제	주제
1	1:2-20, 29-31	죄-심판	
	1:21-26 2:1-5	구원(시온)	야훼 하나님
2	2:6-4:1	죄-심판	
	4:2-6	구원(시온)	야훼 하나님
3	5:1-8:23a	죄-심판	
	8:23b-9:6	구원(왕)	왕
4	9:7-10:19 10:28-34	죄-심판	
	10:20-27 11:1-16	구원(왕)	왕

③ **심판의 도래**(10:20-12:6) : **심판과 심판 이후의 희망**(메시야)

- 유다와 예루살렘의 멸망은 신앙공동체의 완전한 종말을 말하는 것은 아니었고, 심판 후 남은 자들의 새로운 시작이 기대된다(10:20-27; 11:1-16).
- '그 날' 에 메시야(7:14-16; 9:1-7; 11:1-9)는 공의와 정의를 다시 세우시고 회복시키실 것이다(1:25-27). 모든 민족은 시온으로 나아와 구원을 받으며(2:1-4; 11:10-16), 감사의 찬송을 하나님께 드린다(12:1-6).

(2) 각 이방민족에 대한 심판(13:1-23:18)

① 하나님의 경고

- 이사야 13-23장에 나오는 9번의 '경고'는 모든 이방민족들에게 임할 심판이 담겨 있다.

나라 / 내용	바벨론(13장-14:23)	블레셋(14:29-32)	모압(15-16장)
경고	분노의 폭풍으로 멸망 진노의 폭우를 내림 큰 우박덩이로 훼파	너를 치던 막대기가 부러졌다고 기뻐하지 말라.	하룻밤에 모압 수도가 망하고, 모압의 요새가 황폐하리라.
심판도구	메대	앗수르	바벨론
심판이유	악인의 죄를 벌하시고 교만한 자의 오만을 끊으시며, 강포한 자의 거만을 낮추시려고	유다의 아하스 왕의 죽음을 기뻐했기 때문에	부정한 죄악의 자손이기 때문에 하나님의 은혜를 깨닫지 못한 자들이기 때문에
심판의 참상	악인들은 멸망할 것이며, 아비규환의 수라장이 될 것이다.	백성은 기근으로 죽을 것이며, 남은 자는 살육당할 것이다.	구원을 부르짖으나 도울 자가 없고, 피난민들은 사방으로 도망가며 패망을 부르짖는다.
심판의 결과	사람이 사는 곳이 못 되고 들짐승의 거처가 되리라.	블레셋에 남은 것은 소멸된 땅에서 메아리치는 통곡뿐이다.	그들의 땅은 폐허가 될 것이며, 모압의 세력은 완전히 소멸된다.
교훈	제 분수와 위치를 모르는 바벨론은 유다같이 멸망함에 이르게 될 것이다.	성도는 타인의 비극을 보고 측은히 여길 줄 알아야하며 자성의 기회로 삼아야한다.	하나님의 심판을 받을 악인들은 하나님의 재앙의 손길에서 피할 수 없다.

나라 / 내용	애굽(19-20장)	유다(22장)	두로(23장)
경고	하나님이 애굽인을 격동시켜 서로 형제를 치며 각기 이웃을 치게 하리라.	나라가 적국에 포위될 것이다.	두로는 황무하여 집이 없고 들어갈 곳도 없으리라.
심판도구	내란	바벨론	알렉산더 대왕

내용 \ 나라	애굽(19-20장)	유다(22장)	두로(23장)
심판이유	우상을 숭배하고 선민들을 압제했기 때문에	하나님을 앙망하지 않았고 공경하지 않았기 때문에	그들의 자신을 존귀한 자라 자처함으로 그들의 교만을 욕되게 하시려고
심판의 참상	그들이 의지하던 모든 것이 사라지며, 동족 상잔의 비극이 일어난다.	악한 셉나가 관직에서 쫓겨나듯이 그들의 영광이 녹슨 못이 부서지듯 사라진다.	멸시받는 자가 되며, 주변 국가를 다스릴 힘을 잃는다.
심판의 결과	부의 상징인 나일 강은 악취가 나고, 애굽의 기둥은 부서지고 품군들은 근심하게 된다.	죽을 때까지 죄악을 속하지 못한다.	다시는 희락이 없고 어디를 가든지 평안을 얻지 못한다.
교훈	회개하고 돌아온 애굽은 이스라엘, 앗수르와 함께 복의 근원이 될 것이다.	하나님을 기쁘게 하는 자는 크신 은혜를 받지만 교만한 자는 엄청난 형벌을 받는다.	성도 자신이 존귀한 자라 착각하면 화를 당한다. 범사에 하나님을 경외하고 인정해야 한다.

② '그 날' 에 대한 희망

- 이사야는 '그 날' 에는 모두가 하나 되어 하나님을 경배할 것이며, 이스라엘의 복을 나누게 될 것을 예언한다(19:23-25).

(3) 이사야의 묵시 - 마지막 때에 있을 일에 대한 묵시(24:1-27:13)

① 땅에 대한 우주적 심판

- 이사야 24장에서 '땅' 에 대한 우주적인 심판을 예언하는데 문제는 '땅' 이 아닌, 땅에 살고 있는 거주민들에게 있다. 그들이 율법과 언약을 깨뜨렸기 때문에(24:5)

하나님께서는 자신이 직접 지으신 땅을 황폐케 하시며 (24:1-23; 26:21), 성읍들을 황무하게 하신다(24:10,12; 25:2; 27:10).

② **야훼의 구원의 장소: 시온**

- 우주적 심판 가운데서도 그가 통치하시는 나라와 성읍 (25:9; 26:1)은 구원하시며, 구원의 장소는 '산' (25:6,7,10), 즉 '시온산' (24:23)이요, 예루살렘의 성산(27:13)이다.
- '그 날' 에는 심판을 경험한 자들이 모두 구원의 노래를 부르며 이곳으로 나아와 야훼께 예배한다(26장) .

"주께서 심지가 견고한 자를 평강하고 평강하도록 지키시리니 이는 그가 주를 신뢰함이니이다" (26:3)
심지가 견고한 자는 심판 가운데서도 하나님과의 언약에 충성된 자로 구원의 확신을 가진 자이다.

(4) 이스라엘과 유다/예루살렘을 향한 심판과 구원 (28:1-35:10)

① **유다의 심판**

- 이사야는 다시 예루살렘과 유다의 죄를 지적하고, 심판과 구원을 반복해서 선포한다.

대상	심판	구원/회복	특징어구
에브라임	28:1-4	28:5-6	'화 있을진저!'
예루살렘	28:7-13, 14-22	28:23-29	
아리엘	29:1-4	29:5-8	'화 있을진저!'
민족들	29:9-14, 15-16	29:17-24	'화 있을진저!'
자식들	30:1-5, 6-7, 8-14, 15-17	30:18-26	'화 있을진저!'
앗수르	30:27-33		

대상	심판	구원/회복	특징어구
예루살렘	31:1–3		'화 있을진저!'
앗수르	31:4–9		
예루살렘		32:1–8	
염려없는 여인들	32:9–14	32:15–20	
학대자들	33:1	33:2–6	'화 있을진저!'
민족들	33:7–12	33:13–16,17–24	
에돔	34:1–17	35:1–10	

② 심판의 이유

- 첫째, 지도층인 제사장들, 예언자들, 지혜자들이 책임을 다하지 않았다(28:7-8; 29:21).
- 둘째, 야훼에게서 마음이 멀리 떠나 패역한 행동을 하였다(29:13,16; 30:9).
- 셋째, 앗수르의 위협에 애굽을 의지하고자 하였다(30:2,3,7; 31:1-3).

③ 심판 이후의 구원의 길

- 하나님께서는 예루살렘을 판단하시고 심판하시지만(28:3-4,17), 예루살렘과 유다가 오직 하나님만을 신뢰할 때 앗수르의 위협에서 건지실 것임을 선포하신다(30:27-31:9).

'그 날' 에 있을 구원
- 시온과 예루살렘을 구원하고 통치하심(33:5-6)
- 열방의 심판(34장)
- 시온을 향한 길을 여심(35장)
- 속량함을 받은 자들이 돌아오게 하심(35장)

2. 이사야의 이야기(36:1-39:8)

(1) 산헤립의 침공에서의 시온의 구원

(36:1-37:38; 왕하 18:13-17; 대하 32:1-19)

① 히스기야의 기도

- 주전 701년 앗수르 왕 산헤립은 유다의 중요 도성들 46곳과 요새 도시 라기스를 점령했다. 그리고 신하 랍사게를 예루살렘에게 보내어 항복을 종용하였다(36:4-20; 왕하 18:17).
- 이에 히스기야는 이사야에게 중보기도를 요청하고, 자신은 옷을 찢고 굵은 베옷을 입고 야훼의 전으로 나아가 기도한다(37:1-4,15-20).

② 하나님의 구원

- 야훼께서는 히스기야에게 구원의 약속을 제시하신다. (37:29,32). 앗수르의 18만 5천 대군은 멸망당했고, 산헤립은 비참한 최후를 맞게 되었다(37:36-38).

(2) 히스기야의 치유(38:1-39:8)

- 히스기야가 중병에 걸렸을 때 얼굴을 벽으로 향하고 통곡하며 눈물로 기도하자 하나님께서는 히스기야의 생명을 15년 연장시켜 주시고, 유다를 앗수르 손에서 건져 주셨다.

3. 이사야의 구원 예언(40:1-66:24)

(1) 바벨론으로부터의 귀환과 시온의 회복에 대한 약속 (40:1-55:13) - 공의, 구원

구분	구절	주제
서론	40:1–11	하나님은 이스라엘의 위로자요, 구원자이시다.
1	40:12–48:19	창조주 하나님은 유일한 하나님이시며, 역사 가운데 일하신다.
40:12–42:9; 찬양(42:10–13); 42:14–44:22; 찬양(44:23); 44:24–45:7; 찬양(45:8); 45:9–48:19		
2	48:20–55:13	하나님께서 새로운 출애굽을 행하실 것이다.
48:20–49:12; 찬양(49:13); 49:14–52:8; 찬양(52:9–10); 52:13–55:7		
결론	55:10–11,12–13	하나님은 이스라엘의 위로자요, 구원자이시다.

40장부터 예언의 내용이 앞부분(1:4; 5:18; 22:14; 30:13)과 완전히 달라진다. 유다는 함락(주전 586년) 되었고, 지도층들은 바벨론에 포로로 끌려가 포로생활을 하고 있었다.

① 서론(40:1-11)

- 하나님께서 이스라엘 백성을 위로하시고 그들의 죄를 사하시고(40:1-2), 그들은 야훼의 길을 통해(40:3) 시온-예루살렘으로 돌아와 참된 안식을 얻게 된다(40:9-11).

② 이스라엘의 회복(40:12-48:19) - 창조주 하나님, 유일하신 하나님, 역사를 주관하시는 하나님

이스라엘의 회복과 구원을 위해 바사(페르시아) 왕 고레스를 세우고 그를 도구로 사용하셔서 해방시켜 주신다(44:28-45:4).

- 오직 야훼만이 창조주요, 구속자(43:3,11-12; 49:26)이시며, 이스라엘의 거룩한 이, 왕이 되셔서 그들을 구원하실 유일한 하나님이시며(45:5; 참조. 43:1-3,14-15), 공의를 회복시키시고, 구원을 시온에게 베푸신다(46:12-13).

③ **시온으로의 귀환**(48:20-55:7)

- 하나님께서는 이스라엘 백성에게 바벨론에서 돌아와서(48:20; 52:11; 55:12), 야훼를 경외하며 그의 종의 목소리를 청종하며, 야훼의 이름과 하나님을 의지해야 하고(55:6; 참조. 50:10), 삶 가운데서 온전한 하나님의 공의를 이루어야 한다고 말씀하신다(55:7).

④ **야훼의 종의 노래**

- 첫 번째 종의 노래(42:1-4): 온 천하에 공의를 베푸는 것이며, 상한 갈대를 꺾지 아니하고 꺼져 가는 등불을 끄지 아니하고 진실로 공의를 시행하는 것이다(42:3-4).
- 두 번째 종의 노래(49:1-4): 하나님께 받은 사명을 감당하다 한계에 이른 종에게 하나님께서는 소명의 때를 상기시키시며 열방을 비추는 빛으로서의 더 큰 사명을 맡겨주시고 종을 위로하신다.
- 세 번째 종의 노래(50:4-9): 하나님의 말씀을 묵묵히 수행하며 온갖 고난 중에도 야훼만 신뢰한 종의 모습을 보여준다.
- 네 번째 종의 노래(52:13-53:12) : 수난 당하는 종의 모습을 통하여 고난당한 이스라엘이 반드시 회복될 수 밖에 없음을 강하게 보여준다.

⑤ **결론**(55:8-13)

- 하나님께서 영원한 언약을 기억하시고 이스라엘의 회

복된 모습을 보여줌으로써 야훼 하나님의 풍성한 긍휼을 나타내고 있다.

(2) 시온 공동체의 내적 변화와 이방들과의 관계 회복에 대한 약속(56:1-66:24) - 정의, 공의, 구원

① 올바른 예배자(56:1-8)

- 하나님께서는 '너희는 정의를 지키며 의를 행하라!'(56:1)고 말씀하신다. 이것이 구원을 위한 유일한 길로서 정의와 의는 안식일을 준수하고 모든 악행을 금할 때 이루어진다(56:2).

② 윤리적 의와 용사되신 하나님(56:9-59:21)

- 하나님께서는 지도자들과 백성들의 악행에도 긍휼과 은혜로 그들을 고치시고(56:16-18), 압제와 고통 가운데 있는 자들을 구원하여 온전한 평강을 주시고자 하신다(57:19).
- 하나님께서는 자신의 공의를 따라 악한 자들을 '그들의 행위대로' 보응하시고(59:16-18), 이스라엘과 영원한 언약을 체결하신다(59:19-21).

③ 세상의 빛으로서의 예루살렘(60:1-62:12)

- '그 날에' 시온에 빛이 비추이고(60:1-3), 모든 열방이 시온의 공동체로 나아와서(60:4-9), 시온을 찬양하게 된다(60:13-14).

정의와 공의를 상실한 이스라엘의 악행
- 정의와 의에는 무관심(56:9-57:2)
- 우상숭배와 악행을 일삼음(57:3-13)
- 형식적인 금식에만 집착(58:6-7)
- 손에는 피가 가득(59:3)
- 입술은 거짓을 말함(59:3)
- 혀는 악독을 냄(59:3)

야훼의 영이 임하심으로 인한 성취
① 야훼의 은혜의 해를 선포(61:1-3)
② 즐거움과 기쁨이 회복(61:4-9)
③ 야훼 하나님을 찬양(61:10-11)

• 야훼께서는 다시 한 번 시온에 정의와 공의를 선포하시며(62:1), 새로운 이름을 주심으로 자신과 그들의 관계가 회복되었음을 선언하신다(헵시바, 쁄라). 모든 열방이 이를 인정하고, 시온을 거룩한 자, 하나님의 구속한 자라 부른다(62:10-12).

헵시바(사 62:4)
'나의 기쁨이 그에게 있다' 라는 뜻

쁄라(사 62:4)
'결혼한 여자' 라는 뜻

④ 용사되신 하나님과 윤리적 의(63:1-66:17)

• 하나님께서 구원하시고, 지금까지 인도하심을 찬양하고(63:7-64:12), '새 하늘과 새 땅' 을 바라보며(65:17-25) 하나님의 심판과 구원이 이미 이루어졌음을 환기시킨다(65:1-16; 66:1-17).

'그 날' 이 되면 모든 열방들이 하나님께 나아와 예물을 드리게 되며(66:20), 그들은 하나님의 제사장과 레위인이 되어 하나님의 말씀을 전하게 되고(66:21), 하나님의 주권과 의로운 통치가 행해지는 새 하늘과 새 땅에 영원히 참여하게 된다(66:22).

⑤ 올바른 예배자(66:18-24)

• 하나님의 새로운 창조는 하나님의 나라로서 '새 예루살렘' 의 시대가 열릴 것을 선포하는 것이다.

이사야의 적용과 실천

하나님께서 우리를 세상의 현장에서 사랑을 실천하는 사명자로 부르실 때 응답할 믿음이 있습니까(6:1-8)?

야훼 하나님께서 기뻐하시지 않는 금식과 기뻐하는 금식의 차이는 무엇입니까(58:3-9)?

하나님께서는 우리를 세상에서 구체적으로 사랑을 실천하게 하시려 사명자로 부르실 때 우리의 응답을 듣기를 원하십니다. 이 부르심에 응답할 때 이사야에게 약속하신 것처럼("네 빛이 새벽같이 비칠 것이며 네 치유가 급속할 것") 우리에게도 동일한 은혜가 있습니다.

이사야(1~66장) 읽기

주일	월	화	수	목	금	토
1:1-12:6	13:1-23:18	24:1-27:13	28:1-35:10	36:1-39:8	40:1-55:13	56:1-66:24

예레미야

"야훼의 말씀이니라 너희를 향한 나의 생각을 내가 아나니 평안이요 재앙이 아니니라
너희에게 미래와 희망을 주는 것이니라" (렘 29:11)

기록목적 예레미야는 하나님의 백성이 우상숭배와 사회적 불의에 빠져 있고, 또한 하나님과 관련해서는 외형적인 신앙에 국한되어 있기 때문에 하나님의 심판으로 바벨론에 의해 멸망할 것(주전 586년)과 후일에 있을 하나님의 은혜로 회복(70년 후에 포로에서 돌아옴)될 것을 보여주기 위해 본서를 기록하였다.

저 자 예레미야

특 징
- 언약, 할례, 성전의 외형적인 선택의 상징들이 아니라 마음에 새겨진 새 언약과 마음의 할례, 공평과 정직 등과 같은 내면적인 변화와 충성을 강조한다.
- 구원의 공동체성을 넘어서서 개인적인 신앙에 의한 구원을 이야기한다(31:29-30).
- 포로로 유배 되었던 자들의 귀환, 다윗 가문의 새로운 통치자의 출현, 새로운 출애굽, 새 마음, 아나돗의 밭을 사는 상징적인 행위, 포로 유배된 유다 백성에게 보낸 편지 등과 같은 심판 이후에 있을 구원에 대해서도 선포한다.

내·용·분·해

대분류	소분류	주요 내용
1. 이스라엘과 유다에 대한 심판 예언 (1:1–25:38)	(1) 예레미야의 소명과 환상(1:1–19)	① 소명 ② 환상
	(2) 이스라엘과 유다에 대한 초기선포 (2:1–6:30)	① 이스라엘의 죄 ② 하나님의 처방
	(3) 여호야김 시대의 선포(주전 608–597년, 7:1–10:25)	① 침묵 ② 성전설교 ③ 예레미야의 탄식과 하나님의 심판
	(4) 예언자의 운명 (11:1–13:27)	① 메시지 ② 핍박과 위기
	(5) 예레미야의 상징 행위와 고백들 그리고 예레미야에 대한 박해 (14:1–20:18)	① 심판 ② 하나님의 마음 ③ 상징행위 ④ 토기장이의 비유 ⑤ 예레미야의 고난
	(6) 시드기야 시대의 선포(주전 597–586년, 21:1–24:10)	① 심판과 근거 ② 거짓예언자 ③ 무화과 광주리 환상
	(7) 여호야김 시대의 선포 (주전 608–597년, 25:1–38)	① 심판 ② 회복
2. 예레미야에 관한 이야기 (26:1–45:5)	(1) 성전설교와 거짓 예언자들과의 대결 (26:1–29:32)	① 성전설교 ② 거짓 예언자들과의 대결
	(2) 위로의 책 (30:1–31:40)	① 포로귀환 ② 새 언약
	(3) 밭의 매매와 구원의 말들(32:1–33:26)	① 밭의 매매 ② 심판과 그 이후의 구원

대분류	소분류	주요 내용
2. 예레미야에 관한 이야기 (26:1–45:5)	(4) 시드기야의 최후와 레갑족속(34:1–35:19)	① 시드기야의 최후 ② 레갑 족속
	(5) 예레미야의 고난 이야기(여호야김과 시드기야와의 갈등, 36:1–39:18)	① 책의 기록 ② 예레미야의 고난
	(6) 예루살렘 함락과 그 이후의 일 (40:1–43:13)	① 그다랴 암살 ② 애굽으로 납치됨
	(7) 이집트 포로민들의 우상숭배와 바룩을 위한 구원의 말 (44:1–45:5)	① 죄와 심판 ② 바룩에 대한 구원 약속
3. 이방민족을 향한 예언 (46:1–51:64)	(1) 이방민족들에 대한 선포(46:1–51:64)	
4. 예루살렘 함락과 바벨론 포로 유배 (52:1–34)	(1) 유다 왕국의 멸망과 포로유배(52:1–34)	

내·용·연·구

1. 이스라엘과 유다에 대한 심판 예언(1:1-25:38)

(1) 예레미야의 소명과 환상(1:1-19)

① 소명

- 예레미야는 요시야 13년(626/627년)에 열방의 예언자로

"베냐민 땅 아나돗의 제사장들 중 힐기야의 아들 예레미야의 말이니라"(렘 1:1)

예레미야(렘 1:1)
"야훼께서 세우신다"는 뜻으로 유다의 요시야 왕 13년부터 예루살렘 멸망 이후(대략 주전 627년부터 585년까지)까지 예언자로 여호야김(주전 609-598년)과 시드기야(주전 597-586년) 시대에 활동

소명을 받고, 그들을 향한 심판과 구원의 메시지를 선포하는 임무를 받는다(1:5,10).

- 하나님께서는 그의 예언활동에 수많은 어려움이 있지만, 함께 하시며 구원하실 것이라고 약속하신다(1:19).

② **환상**

- 예레미야는 2개의 환상을 보는데, 북쪽으로부터의 심판이 유다와 예루살렘에 곧 임할 것을 보여준다.

(2) 이스라엘과 유다에 대한 초기선포(2:1-6:30)

① **이스라엘의 죄 : 우상숭배와 악한 행실**

- 이스라엘과 유다는 역사 가운데 왕, 지도자, 제사장, 예언자 등 지도계층이 앞장서서 이방신들을 숭배했다(2:8, 13,26-28).
- 그들은 가난한 자, 소외되고 불쌍한 자를 압제하고, 고아와 과부의 송사를 공정하게 하지 않는 등, 정의와 공의가 상실된 삶을 살았다(2:33-34; 5:26-29).

② **하나님의 처방**

- 야훼께서는 그들에게 하나님께 돌아올 것을 촉구하시며(3:12-14, 22; 4:1), 하나님께 돌아가는 것은 '삶 가운데서 진실과 정의와 공의를 회복' 할 때 가능하다고 선포한다(4:2,14).
- 이스라엘 민족은 더욱더 하나님을 떠나 배역의 길을 감으로써 북방의 한 민족의 침략을 받아 멸망당하게 된다

(6:1,22).

재앙의 원인	재앙의 결과
· 정의와 진리를 구하는 자가 없음(5:1) · 거짓 맹세(5:2) · 하나님께 돌아오기를 싫어함(5:3) · 간음함(5:7) · 교만함(5:12) · 큰 자, 작은 자 모두 다 타락(6:13) · 하나님의 율법을 거절(6:19)	· 재앙과 큰 파멸이 북방에서 옴(6:1) · 시온이 멸절됨(6:2) · 예루살렘이 황폐한 땅이 되어 사람이 없음(6:8) · 남녀노소가 다 사로잡힘(6:11) · 집, 밭, 아내가 타인의 소유가 됨(6:12) · 하나님께 버림을 받음(6:30)

(3) 여호야김 시대의 선포(주전 608-597년, 7:1-10:25)

① 침묵

- 요시야의 종교개혁(주전 622년, 참조. 왕하 22-23장)이 시작되자 예레미야는 약 13년간 예언활동을 중지한다.

② 성전설교

- 예레미야는 요시야의 갑작스러운 죽음으로 개혁이 실패하자 그는 주전 609년 다시 예루살렘 성전설교를 통해 예언활동을 재개한다.
- 예레미야는 오직 유다 백성들이 '길과 행위를 바르게' 할 때에만 하나님께서 임재하시는 참된 성전이 된다(7:5-6, 9, 23-28)고 권한다.
- 그는 우상숭배와 악한 행실에서 돌이키지 않는 예루살렘은 이스라엘의 고대의 성소였던 실로처럼 무너질 것이라고 경고하는데(7:12-15), 이 참혹한 심판은 왕, 지도자, 제

유다 백성들의 잘못된 믿음 두 가지

① 다윗 왕조가 영원히 지속될 것(참조. 삼하 7:12-16)
② 하나님께서 계시는 시온(예루살렘 성전)은 절대로 무너지지 않을 것(참조. 시 46편; 시 132:13-14).

실로(렘 26:9)

이스라엘이 가난 입국 후 처음으로 성막을 유치한 장소(수 18:1)

사장, 예언자, 예루살렘 주민 모두 피할 수 없다(8:1,13-17).

③ **예레미야의 탄식과 하나님의 심판**

- 예레미야는 자신의 민족이 저지른 죄와 받을 심판으로 인해 한탄한다(9:1).
- 야훼께서는 자신만이 참 하나님이시요 살아계신 하나님이시요 영원한 왕이심(10:10)을 알지 못하는 이스라엘 백성을 연단하고 괴롭게 하신다(9:8; 10:17).

〈렘 10장에 나타난 우상과 하나님의 대조〉

우상의 특성	하나님의 능력
· 사람이 나무로 만든 형상(3절) · 말을 못하고 움직이지 못함(5절) · 복과 화를 주지 못함(5절) · 두려움의 대상이 못 됨(5절) · 은박, 금장식한 것임(9절) · 청색, 자색 옷을 입음(9절) · 공장과 장색의 손으로 만듦(9절)	· 권능이 크심(6절) · 이방 사람들의 왕(7절) · 살아계신 참 하나님이심(10절) · 영원한 왕이심(10절) · 권능으로 땅을 지으심(12절) · 지혜로 세계를 세우심(12절) · 명철로 하늘을 펴심(12절)
· 거짓되고 생기가 없음(14절) · 헛것이요 망령된 것(15절) · 하나님이 징벌하실 때 멸망될 것임(15절)	· 목소리로 하늘에 많은 물을 내심(13절) · 땅 끝에서 구름이 오르게 하심(13절) · 번개와 바람을 내심(13절)

(4) 예언자의 운명(11:1-13:27)

① **메시지 - 심판선포**

- 유다는 말씀을 듣고 지키라는 예레미야의 촉구(11:6; 참조. 11:2)에도 언약을 깨뜨리므로 야훼는 유다의 심판의 날, 그들의 부르짖음을 듣지 않으시고, 예레미야의 중보기도 또한 듣지 않으실 것과(11:11,14) 그들을 반드시 뽑

아버리실 것이라고 말씀하신다(12:7-15).

② 핍박과 위기

- 야훼의 말씀을 전한 예레미야에게는 죽음의 위협이 다가온다(11:18-12:6).
- 예레미야는 허리 띠 상징행위(13:1-11)와 포도주로 찬 가죽부대의 비유(13:12-14)를 통해 다가올 심판을 선포하고, 처참한 유다의 운명에 눈물 흘리며 통곡한다(13:17).

(5) 상징행위, 고백, 박해(14:1-20:18)

① 심판

- 유다는 그들의 죄악과 불순종을 회개치 않음으로 가혹한 심판을 겪게 된다(14:3-6). 야훼께서는 예레미야의 거듭된 중보기도에도 불구하고 그 뜻을 돌이키시지 않고 칼, 기근, 전염병으로 멸하신다(14:10-12).

② 하나님의 마음

- 유다 백성에게 심판을 행하시는 하나님 또한 예레미야처럼 속으로 울고 계신다(14:17).

③ 상징행위

- 임박한 심판을 보여주는 상징행위로 예레미야는 결혼과 조문과 잔치참여를 금지 당했다(16:1-10).

④ 토기장이의 비유

- 예레미야는 토기장이의 비유를 들어 야훼께서는 유다

와 예루살렘의 운명을 주관하신다고 전하지만(18:6), 돌이키지 않는 이스라엘(18:7-12)에 대해 하나님께서는 예레미야에게 토기장이의 옹기를 사서 그들 앞에서 깨뜨림으로 돌이킬 수 없는 심판의 메시지를 전하라고 명령하신다(19장).

⑤ 예레미야의 고난

- 예레미야의 메시지와 상징행위는 많은 사람들의 적대감을 불러 일으켰고, 핍박과 박해는 점점 심해져(15:19-21; 17:12-18; 18:18-23) 그는 야훼의 성전 총감독 바스훌에게 매를 맞고 수감된다(20:1-6).

예레미야는 자신의 예언사역에 대한 자신의 고난을 하나님께 탄원하고, 자신의 생일까지 저주한다(20:14-18; 참조. 욥 3장). 그러나 예레미야의 고난은 하나님의 영광을 위한 고난이요 사명을 감당하면서 받는 고난이었다.

(6) 시드기야 시대의 선포(주전 597-586년, 21:1-24:10)

① 심판과 근거(21:1-22:30)

- 바벨론의 느부갓네살 왕이 유다를 공격하는 위기 상황에서 시드기야는 예레미야에게 중보기도를 요청한다(21:1-2). 그러나 하나님께서는 예레미야에게 칼과 기근과 전염병으로 심판하실 것을 말씀하신다(21:9).

심판의 이유
(렘 21:12; 22:3,13-14,17)
요시야 이후의 유다의 왕들이 요시야와 달리 야훼의 언약을 버리고 다른 신들을 섬기며, 공의를 행하지 않으며, 사회적인 약자들을 보호하지 않았기 때문이다.

② 거짓예언자(23:1-40)

- 이러한 위기 상황에서 예레미야의 대적인 거짓 예언자들이 나타나 거짓 평안을 외친다(23:17). 야훼께서는 이들에 대해서도 심판을 선고하신다(23:23-40).

예레미야의 대적 거짓 예언자
- 우매한 사마리아의 예언자들(23:13)
- 가증한 예루살렘의 예언자들(23:14-15)

③ **무화과 광주리 환상**(24:1-10)

- 예레미야는 시드기야와 고관들과 예루살렘의 남은 자들을 나쁜 무화과로 여겨 환란과 수치와 조롱과 저주로 심판하실 것이라 예언한다(24:8-10).

하나님께서는 심판을 경험한 자들(포로로 이미 끌려간 자들)은 좋은 무화과로 여기시고 그의 정하신 때에 다시 돌아오게 하시고 새로운 복된 미래를 허락하실 것이다(24:5-7; 참조. 23:3-8).

(7) 여호야김 시대의 선포(주전 608-597년, 25:1-38)

① **심판**

- 여호야김 재위 4년(주전 605년) 예레미야는 불순종한 유다가 바벨론에 멸망 당하고 70년간 포로생활을 하게 될 것이라고 예언한다(25:3-11; 참조. 1:11-19).

② **회복**

- 예레미야는 야훼께서 그 심판 이후에 바벨론을 비롯한 세계 모든 민족 또한 그들의 행위대로 보응하실 것도 기대한다.

2. 예레미야에 관한 이야기(26:1-45:5)

(1) 성전설교와 거짓 예언자들과의 대결(26:1-29:32)

① **성전설교**(26:1-24)

- 예레미야는 유다와 예루살렘은 하나님의 말씀을 순종하지도, 율법을 지키지도, 보냄 받은 예언자들의 말도

성전설교(렘 7장, 26장)비교

7장	성전설교의 내용
26장	설교에 대한 반응을 묘사

듣지 않았으므로 심판을 받는다고 선포한다(26:6).

- 제사장들, 예언자들, 모든 백성이 예레미야를 죽이려는(26:8) 위기에도 예레미야는 야훼의 목소리를 청종하고 회개하면 하나님의 심판에서 벗어날 수 있다고 선포한다(26:13).

② 거짓 예언자들과의 대결(27:1-29:32)

- 시드기야 시대에 예레미야는 거짓 예언자들과 격렬한 대결을 벌이게 된다.
- 하나냐는 그의 거짓 예언으로 인해 비참한 최후를 맞게 된다(28:15-17).
- 예레미야는 바벨론의 포로로 끌려간 자들에게 하나님께서 정하신 기간인 70년이 차면 예루살렘으로 돌아올 것이기 때문에(29:10) 거짓 예언자들의 말을 믿지 말라고 편지를 보낸다(29:5-9).

(2) 위로의 책(30:1-31:40)

① 포로귀환

- '그 날' 에 야훼께서는 심판을 받아 멍에를 맨 이스라엘을 불쌍히 여기시고(31:20) 바벨론의 멍에를 꺾어 포로로 끌려갔던 이스라엘과 유다를 시온으로 돌아오게 하셔서 자신과 세우신 왕 다윗을 섬기게 하신다(30:8-10; 31:1, 6-10, 33).

예레미야와 거짓 예언자들과의 대결
줄과 멍에를 목에 거는 상징 행동을 통해 유다와 에돔, 모압, 암몬, 두로, 시돈 등의 나라들은 (바벨론을 통한) 하나님의 심판을 피할 수 없으며, 그 심판(멍에)을 받아 들여야만 살 수 있다고 외친다(27:6-7,11-12,17).

하나냐의 거짓 예언 (렘 28:1-4,10)
하나님께서 바벨론 왕의 멍에를 꺾으시고, 2년 안에 빼앗겼던 성전의 기물이 돌아오며, 포로로 끌려간 자들도 곧 돌아올 것이라고 말함

렘 30-31장
예레미야서 내에서 가장 많은 구원의 약속들이 모여있으며, '회복' 이 가장 두드러진 주제로 등장

② 새 언약

- 하나님께서는 그들을 축복하시고 그들과 새 언약을 맺으신다(31:33).

새 언약(렘 31:33-34)

율법을 통한 옛 언약을 새롭게 갱신하는 완전한 언약이다. 옛 언약은 돌판에 새겨져 의무와 복종을 요구했으나, 새 언약은 마음판에 새겨져 자발적으로 순종하게 한다. 새 언약으로 말미암아 과거의 죄악이 용서를 받게 된다(31:34).

(3) 밭의 매매와 구원의 말들(32:1-33:26)

① 밭의 매매

- 야훼는 예레미야로 하여금 아나돗에 있는 밭을 은 17 세겔에 사도록 명령하심으로 심판 이후의 구원이 있음을 은연중에 보여주신다(32:6-15).

② 심판과 그 이후의 구원

- 시드기야 10년(주전 586년)에 예레미야는 시위대 뜰에서 탄원하며 심판을 멈추실 것을 기도하지만 하나님께서는 이스라엘의 불순종과 죄악을 고발하시며 심판을 다시 한번 확증하신다(32:16-25).
- '그 날'에 유다 백성들이 열조의 땅으로 귀환하고(33:7), 진정한 평화로 다윗의 왕가가 회복되어 그 후손에게서 한 '의로운 가지' 곧 메시야가 나와 정의와 공의로 다스리는 나라가 도래할 것이다(33:15).

시드기야 10년 (주전 586년)의 상황

바벨론 군대는 예루살렘을 에워싸고 있고 예레미야는 바벨론에 패할 것이라는 예언 때문에 시위대 뜰에 갇혀있었다(32:2-3).

(4) 시드기야의 최후와 레갑 족속(34:1-35:19)

① 시드기야의 최후(34:1-22)

- 예레미야는 시드기야 왕이 바벨론으로 끌려가서 최후

를 맞이할 것임을 예언한다(34:2-5).

- 시드기야 왕과 모든 백성은 바벨론의 포위 공격이 절정에 이르렀을 때 노예 해방을 선언했었지만, 애굽에서 군대가 파견되자 다시 노예로 삼는 만행을 저지른다(34:8-11). 그 결과로 그들은 심판을 피할 수 없게 된다.

같은 이스라엘 사람을 노예로 삼는 만행은 하나님과의 계약을 깨뜨리는 것이며, 인도주의적인 신명기 율법(참조. 출 21:2-6; 신 15:12-18)을 위반하는 것으로 노예로 팔린 자는 7년만에 해방시켜야 한다.

② **레갑 족속**(35:1-19)

- 레갑 족속의 금욕적 신앙을 대비하여 이스라엘 백성의 죄악상을 간접적으로 지적하고 있다.

레갑 족속(렘 35:2)
겐 족속의 후손으로 유목 생활을 하는 자들(삿 1:16; 대상 2:55)

(5) 예레미야의 고난이야기

(여호야김과 시드기야와의 갈등, 36:1-39:18)

① **책의 기록**(36:1-32)

- 예레미야는 사람들의 핍박으로 정상적인 예언활동을 수행하기 어렵게 되자, 바룩을 통하여 예언을 문서로 기록한다(36:1-4).
- 바룩이 성전에서 예레미야의 예언이 적힌 두루마리를 읽자(36:5-10) 여호야김 왕은 그 두루마리를 불사르지만(36:11-26), 오히려 더 많은 분량으로 다시 기록된다(36:27-32).

바룩(렘 36:4)
여호야김(주전 608-597년) 때의 관리로서 예레미야의 서기

② **예레미야의 고난**(37:1-38:28)

- 예레미야는 예루살렘이 갈대아인(바벨론)에게 함락될 것이라는 예언에 대해 고소 당함으로 진창 구덩이에서

고난을 받게 된다.

(6) 예루살렘 함락과 그 이후의 일(40:1-43:13)

① 그다랴 암살

- 바벨론은 아히감의 아들 그다랴를 유다 총독으로 세우고, 시드기야 및 유다 백성들을 포로로 잡아갔다. 그다랴가 친 바벨론 정책을 펴자 이스마엘은 이에 불만을 품고 암몬 왕 바알리스의 도움을 받아 그를 살해한다(41:2).

② 애굽으로 납치됨

- 요하난과 그 무리들은 총독이 살해된 것에 대한 느부갓네살의 보복을 두려워하여 애굽으로 가고자 결정하자 하나님께서는 예레미야를 통해 애굽은 느부갓네살에 의해 멸망 당할 것이라고 하셨다. 그들은 야훼의 목소리를 순종하지도 않았고(43:2-3,7) 결국 예레미야와 바룩은 그들에 의해 애굽으로 끌려가게 되었다(43:6).

(7) 이집트 포로민들의 우상숭배와 바룩에 대한 구원의 약속(44:1-45:5)

① 죄와 심판(44:1-30)

- 유다 백성들이 애굽 땅에서 하늘의 여왕에게 분향하고 전제를 드림으로 야훼께 범죄하였다. 이에 예레미야는 야훼께서 그들에게 재난을 내리고 칼과 기근으로 멸절

예레미야의 투옥생활
요나단의 집 웅덩이에 투옥(37:15)
시위대 뜰에 머묾(37:21)
진흙 웅덩이에 재 투옥(38:6)
다시 풀려남(38:13-28)
느부갓네살 왕에 의해 바벨론으로 결박되어 이동(40:1)
라마에서 풀려나 자유 얻음(40:1-4)

진창(렘 38:6)
땅이 질어서 곤죽이 된 곳

하실 것을 예언했다.

② **바룩에 대한 구원의 약속**(45:1-5)

- 예레미야의 말을 기록했던 바룩은 총체적인 재난 속에서도 그가 살아남을 것이라는 위로를 받는다(45:5).

3. 이방민족들에 대한 예언(46:1-51:64)

(1) 이방민족들에 대한 선포(46:1-51:64)

- 46-51장에서는 예레미야 25장 15-38절과 동일한 순서로 이방민족을 향한 말들이 기록되어 있다.

나라	구절	멸망의 예언	원인
애굽	46장	갈그미스 전투(주전 605년) 바벨론에게 패함 유브라데 강은 그들의 시체로 덮임(46:5–6) 그들의 죄는 고칠 수 없음(46:11)	하나님을 의지하지 않음 자신의 부유와 강성함을 자랑
블레셋	47장	애굽에 의해 멸망(주전 606년) 극심한 피해로 울부짖고 모든 거민 애곡(47:2) 동맹국인 두로와 시돈이 함께 망함(47:4)	이스라엘과 유다를 수시로 침략, 유다인들을 잡아 노예로 매매
모압	48장	바벨론에 점령(주전 582년) 황폐하고 파괴됨 제사장, 방백들이 함께 포로가 됨(48:7) 그모스로 인하여 수치를 당함(48:13)	자고, 오만, 자긍과 교만 우상 숭배
암몬	49:1–6	바벨론에 의해 파멸(주전 582년) 암몬의 신 말감이 끌려감(49:3) 제사장, 방백이 포로로 끌려감(49:3) 두려움이 사방에서 오므로 도망감(49:5)	이스라엘의 도시를 침략 우상 말감을 숭배함 재물 의지, 아름다움 자랑, 교만

나라	구절	멸망의 예언	원인
에돔	49:8-22	바벨론에 의해 멸망할 것임(주전 582년) 소돔 · 고모라와 같이 파괴되어 거민 없음(49:18) 울부짖음이 홍해까지 들림(49:21)	이스라엘 재난 때 포학 (암 1:11-12) 잔혹성, 교만함
다메섹	49:23-27	갈그미스 전쟁후 바벨론에 멸망(주전 605년) 군대가 하루아침에 멸절(49:26) 벤하닷의 궁전이 불에 탈 것임(49:27)	이스라엘 잔인하게 학살 (암 1:3) 세속적 아름다움을 자랑
게달 하솔 엘람	49:28-39	느부갓네살에 의해 멸망 사방에서 재난이 옴(49:32) 영원히 재기하지 못함(49:33) 엘람은 주전 596년에 멸망	사막의 성읍들에게 약탈 재물을 의지함 엘람은 궁수(弓手)로 유다 침략
바벨론	50-51장	북방 바사의 침략에 의해 멸망(주전 539년) 성이 황폐하여 짐승의 거처가 됨(50:39) 영원히 파괴되어 재기하지 못함(51:26) 하늘과 땅이 바벨론의 멸망을 기뻐함(51:48)	마음이 높아지고 교만 (단 5:20) 능력, 권세, 제국건설 자랑, 스스로 위엄의 영광을 나타냄(단 4:30) 우상 숭배

4. 예루살렘 함락과 바벨론 포로유배(52:1-34)

(1) 유다 왕국의 멸망과 포로유배(52:1-34)

- 유다는 예레미야의 경고를 듣지 않고, 애굽과 동맹을 맺고 바벨론을 거부하는 정책을 펴다가 결국 주전 586년에 바벨론에 의해 철저하게 파멸되어 왕과 지도자들은 포로로 끌려가고 예루살렘 성전은 파괴된다(52:14).

렘 52장
역사적인 부록으로서 예레미야서를 마감하며, 열왕기하 24장 18절-25장 21, 27-30절의 내용과 거의 같은 내용을 담고 있다.

예레미야의 적용과 실천

당신의 삶에서 예레미야와 같이 '불붙는 것 같아서 골수에 사무치는 것' 과 같은 감당치 못할 부르심을 느낀적이 있습니까(20:9)?

유다 백성을 향한 책망 가운데 혹 나에게 관련되는 것은 없습니까(44:10)?

하나님의 자녀는 죄는 두려워 할지라도 고난을 두려워하지 말아야 합니다. 우리의 믿음의 주(主)되시는 예수님께서 "너희가 내 이름을 인하여 모든 사람에게 미움을 받을 것이나 나중까지 견디는 자는 구원을 얻으리라"(10:22)고 말씀하셨습니다.

예레미야(1~52장) 읽기

주일	월	화	수	목	금	토
1:1-10:25	11:1-20:18	21:1-24:10	25:1-29:32	30:1-35:19	36:1-45:5	46:1-52:34

예레미야애가

"야훼의 인자와 긍휼이 무궁하시므로 우리가 진멸되지 아니함이니이다 이것들이 아침마다 새로우니 주의 성실하심이 크시도소이다" (애 3:22-23)

기록목적 예레미야 애가는 절대절망의 극한 상황 속에 놓여있다 할지라도, 죄를 통회 자복하고 하나님께 나와야 함을 촉구하고, 그러할 때 하나님의 구원이 있음을 보여줌으로써 처참한 상황 가운데 있는 이스라엘 백성들을 위로하기 위해 기록되었다.

저　　자 예레미야

특　　징
- 1-4장은 히브리어 알파벳 22자의 순서에 따라 진행되어 있는데, 5장을 제외하고는 각 절이 히브리어 자음으로 시작하며 3장은 하나님의 구원에 대한 희망을 가장 강렬하게 진술하고 있다.
- 예루살렘의 비극적인 파괴 이후에도 하나님의 성실하심을 믿으며 내일의 구원을 바라보는 하나님에 대한 소망이 인상적이다(3:23-26).
- 예루살렘 멸망의 날을 기념하는 절기 때에 성전이나 회당에서 낭독되었다.

내·용·분·해

대분류	소분류	주요 내용
1. 예루살렘의 멸망으로 인한 애통 (1:1-5:22)	(1) 폐허가 되어 버려진 예루살렘의 통곡(1:1-22)	① 예루살렘의 슬픔
	(2) 야훼의 진노와 예루살렘의 탄식 (2:1-22)	① 예루살렘의 파괴에 대한 애도 ② 예레미야의 슬픔
	(3) 예레미야의 탄원과 위로(3:1-66)	① 예레미야의 개인적인 고통 ② 하나님에 대한 예레미야의 신뢰와 간구
	(4) 시온의 옛 영광과 현재의 불행(4:1-22)	① 예루살렘의 멸망을 초래한 죄
	(5) 굴욕 속에서 드리는 백성의 기도(5:1-22)	① 고난에 대한 탄식과 회개 ② 야훼의 긍휼에 대한 간구

내·용·연·구

1. 예루살렘의 멸망으로 인한 애통(1:1-5:22)

(1) 폐허가 되어 버려진 예루살렘의 통곡(1:1-22)

① 예루살렘의 슬픔(1:1-22)

- 예루살렘은 한때 하나님께 선택받은 성읍이었으나 대적들에게 패하여 수치와 조롱과 약탈의 대상이 되는데, 이는 예루살렘의 죄로 인한 것이다(1:5-12).
- 예레미야는 야훼 하나님의 의로우심을 바라보며(1:18) 원수들의 죄악을 보응해 달라는 간구를 드린다(1:20-22).

“그들의 마음이 주를 향하여 부르짖기를 딸 시온의 성벽아 너는 밤낮으로 눈물을 강처럼 흘릴지어다 스스로 쉬지 말고 네 눈동자를 쉬게 하지 말지어다” (애 2:18)

예레미야 애가
주전 586년 바벨론에 의해 예루살렘과 성전이 멸망 당하는 것을 직접 눈으로 본 예레미야가 지은 다섯 편의 슬픈 시의 모음

(2) 야훼의 진노와 예루살렘의 탄식(2:1-22)

① 예루살렘의 파괴에 대한 애도(2:1-10)

- 야훼의 진노로 궁궐, 성, 성전, 제사, 순례 절기, 왕, 지도자, 선지자, 율법이 사라지게 되고(2:5-9), 이로 인해 백성들은 애도의 의식을 행할 뿐이다(2:10).

② 예레미야의 슬픔(2:11-22)

- 선지자들은 거짓 예언을 통해 오히려 예루살렘을 더 좋지 못한 길로 이끌었다(2:11-14).
- 예레미야는 이러한 고통과 슬픔의 상황에서 예루살렘에게 하나님의 자비를 구하도록 촉구하고(2:18-19), 자신

도 너무 과중한 형벌이 임했음을 탄원한다(2:20-22).

(3) 예레미야의 탄원과 위로(3:1-66)

① 예레미야의 개인적인 고통(3:1-18)

- 예레미야는 자신의 고난을 탄식하는데, 하나님께서는 그의 기도 조차 듣지 않으시고(3:1-8), 처절한 고통 속에서 예레미야는 평강을 잃는다(3:17).

② 하나님에 대한 예레미야의 신뢰와 간구(3:19-66)

- 예레미야는 하나님의 인자와 긍휼을 기억하고 하나님을 기대하는 마음으로 믿음과 인내로 구원을 바라본다(3:18-26).
- 예레미야는 회개를 촉구하지만(3:39-41), 이내 고통의 무게로 말미암아 탄식과 눈물을 쏟아낸다(3:43-48).
- 예레미야는 자신의 생명을 보호해 줄 것과 대적들의 죄에 보응해 줄 것을 야훼 하나님께 간구한다(3:49-66).

(4) 시온의 옛 영광과 현재의 불행(4:1-22)

① 예루살렘의 멸망을 초래한 죄(4:1-22)

- 예레미야는 예루살렘이 함락되기 전후에 백성들이 겪은 고난과 비참한 상황을 묘사한다(4:1-10).
- 죄로 인한 예루살렘의 멸망을 기뻐한 에돔에게도 심판이 선포된다(4:21-22).

예루살렘의 비극의 원인
선지자들과 제사장들의 죄(4:13)
이방국가들을 의지(4:17)
이방의 왕을 신뢰(4:20)

(5) 굴욕 속에서 드리는 백성의 기도(5:1-18)

① 고난에 대한 탄식과 회개(5:1-18)

- 예레미야는 죄로 인한 이스라엘 백성들의 고난에 대해 탄식하며 그들의 죄를 회개하고 야훼 하나님의 구원을 위해 호소한다.

② 야훼의 긍휼에 대한 간구(5:19-22)

- 이스라엘 백성은 하나님께서 모든 것을 주관하시는 왕 되심을 믿음으로 고백하며, 이전의 영광을 회복시켜 달라는 간구를 드린다.

죄로 인한 이스라엘 백성들의 고난(애 5:1-16)
- 기업과 집은 이방인의 차지가 됨
- 물과 땔감의 값을 지불함
- 노역을 하고 지배를 받음
- 예루살렘 성읍에서는 기쁨이 사라짐

예레미야애가의 적용과 실천

우리는 매일 아침마다 구원의 약속을 지키시는 하나님의 성실하심의 은혜를 만나고 있습니까(3:23)?

하나님과의 새로운 관계 회복을 위해서 우리에게 선행되어져야 할 것은 무엇입니까(5:21)?

고난을 극복하는 일은 쉬운 것은 아닙니다. 그러나 성경은 고난이 성도에게 유익한 것이라고 말씀하고 있습니다. 그러므로 하나님의 긍휼하심과 공의로우심을 기억하며 극복해야 합니다.

예레미야애가(1~5장) 읽기

주일	월	화	수	목	금	토
1:1-22	2:1-22	3:1-66	4:1-22	5:1-22		

에스겔

"주 야훼께서 이 뼈들에게 이같이 말씀하시기를
내가 생기를 너희에게 들어가게 하리니 너희가 살아나리라"(겔 37:5)

기록목적 에스겔은 아직 심판을 통과하지 않은 유다와 예루살렘의 백성들에게 임할 심판을 선고하고, 포로생활을 거친 이후에 이스라엘 전체가 구원받게 된다는 소망의 소식을 증거하기 위해 본서를 기록하였다.

저　자 에스겔

특　징
- 개인의 신앙에 따라 심판과 구원이 결정된다는 사실을 가장 분명하게 제시한다(18:20).
- 예루살렘 성전의 제사장 가문 출신답게 성전과 제사의식에 대해 많은 관심을 가지고 있고 거룩과 성결에 대해 강조한다(40-48장).
- 영에 대한 관심, 환상, 상징행위, 논쟁의 말, 비유의 빈번한 사용 등이 특징적이다.

내·용·분·해

대분류	소분류	주요 내용
1. 예루살렘과 유다에 대한 심판 (1:1–24:27)	(1) 소명환상과 집 안에서의 상징행동(1:1–5:17)	① 소명환상 ② 상징행동
	(2) 산들과 이스라엘의 땅에 대한 심판 (6:1–7:27)	① 우상숭배 ② 사회적인 범죄
	(3) 예루살렘의 우상숭배에 대한 환상과 심판 (8:1–11:25)	① 예루살렘의 죄 ② 심판 ③ 성전에서 떠나시는 야훼 ④ 심판을 겪은 자와 겪지 않은 자
	(4) 상징행동을 통한 예루살렘에 대한 심판통고(12:1–24:27)	① 참 예언과 거짓 예언 ② 3가지 비유들 ③ 3가지 심판의 대상 ④ 애가와 역사회고 ⑤ 비유와 해석, 심판과 그 이유 ⑥ 이야기, 비유, 상징행위, 표징
2. 이방 민족들에 대한 심판 (25:1–32:32)	(1) 암몬, 모압, 에돔, 블레셋을 향한 심판 (25:1–17)	
	(2) 두로와 시돈을 향한 심판(26:1–28:26)	
	(3) 애굽을 향한 심판 (29:1–32:32)	
3. 이스라엘의 구원 (33:1–48:35)	(1) 구원선포 (33:1–39:29)	① 파수꾼 에스겔과 예루살렘의 함락 ② 거짓 목자와 참 목자 ③ 에돔에 대한 심판과 이스라엘의 회복 ④ 마른 뼈 환상, 상징행위, 약속 ⑤ 이스라엘의 미래
	(2) 새 성전에 대한 환상 (40:1–48:35)	① 예루살렘 성전의 재건 ② 세 가지 미래의 약속

내·용·연·구

1. 예루살렘과 유다에 대한 심판(1:1-24:27)

(1) 소명환상과 집 안에서의 상징행동(1:1-5:17)

① 소명환상(1:1-3:27)

- 제사장 가문 출신인 에스겔은 여호야긴이 사로잡힌 지 5년(주전 593년) 바벨론의 그발 강가에서 야훼의 소명을 받았다(1:2-3).
- 야훼께서는 영으로 오셔서 그를 패역, 배반, 범죄하는 이스라엘 자손에게 보내시면서(2:1-5) 두려워하지 말고 그들이 듣든지 아니 듣든지 하나님의 말씀을 전하라고 명령하신다(2:6-7).

- 에스겔은 하나님께서 주신 애가와 애곡과 재앙의 말이 기록된 두루마리를 기쁘게 받아먹고(2:8-3:3) 이스라엘 족속(3:4-9)과 사로잡힌 민족(3:10-11)에게 보냄을 받는다. 그러나 '이마가 굳고 마음이 굳은' 그들은 에스겔의 예언을 들으려 하지 않을 것이다(3:7).

② 상징행동(4:1-5:17)

- 7일 후 에스겔은 이스라엘 족속을 위한 파수꾼으로 세움을 받고(3:16-17; 참조. 레 8:33-36) 난 후 방안에 들어가 포박된 채로 말 못하는 자가 되었다(3:22-27).

"갈대아 땅 그발 강가에서 야훼의 말씀이 부시의 아들 제사장 나 에스겔에게 특별히 임하고 야훼의 권능이 내 위에 있으니라"(겔 1:3)

에스겔서의 구조는 예레미야서처럼 심판('흩뜨림')과 구원('모으는 일')의 2단계로 되어 있다. 특별히 1-24장에서는 예루살렘과 유다를 향한 심판이 집중적으로 나타난다.

에스겔
주전 597년 예루살렘 1차 함락 때 여호야긴 왕과 함께 바벨론으로 끌려가서 그곳에서 예언활동을 함(주전 593-561년).

〈에스겔의 상징행동 1〉

본문	상징행동	의미
4:1–3	예루살렘을 그리고 철판으로 둘러쌈	바벨론에 의해 예루살렘 성이 포위 될 것임
4:4–8	왼쪽으로 누워 390일을 지냄 오른쪽으로 누워 40일을 지냄	죄의 담당: 이스라엘의 죄를 위해 390일+ 유다의 죄를 위해 40일=430일(1일=1년)
4:9–11	음식물을 날수 대로 나누어 먹음	예루살렘이 포위되어 음식물이 극히 부족할 것임
4:12–17	떡을 쇠똥으로 구워 먹음	정결규정을 위반할 수밖에 없는 최악의 상황
5:1–4	깎은 머리털과 수염을 불사르고, 칼로 치고, 바람에 흩음	심판을 받아 멸망 당하는 유다백성의 모습을 보여줌

에스겔의 소명환상 내용
사람과 사자와 소와 독수리의 네 생물(1:10)과 그 위의 궁창(1:22), 그 위의 보좌(1:26), 그 위의 사람의 모양을 보고, 야훼의 영광의 형상의 모양(1:26,28)의 음성을 듣는다.

에스겔의 임무
하나님의 말씀을 듣고 하나님을 대신해 이스라엘 백성을 깨우치는 것이다. 그의 말을 듣는 자에게는 생명이, 그의 말을 듣지 않는 자들에게는 죽음이 있을 것이다(3:18-21; 참조. 13, 14, 18, 33장).

에스겔의 상징행동에 대한 해석(겔 5:5-17)
예루살렘은 선택받은 백성답게 살지 못하고 죄악을 범했고(5:5,6-7,9,11), 야훼께서는 그들에게 심판을 베푸시고(5:10,17), 그들을 열방 가운데 수욕과 조롱거리가 되게 하실 것(5:8,15)이라는 것이다.

(2) 산들과 이스라엘의 땅에 대한 심판(6:1-7:27)

① 우상숭배(6:1-14)

- 에스겔은 이스라엘의 제의적인 범죄로 인해 심판이 임하고, 산당, 제단, 분향단, 우상들과 이방 예배자들이 모두 멸망할 것을 예언한다.

② 사회적인 범죄(7:1-27)

- 에스겔은 ‘끝’(7:2,6)이라는 표현으로 이스라엘의 심판의 날이 이르렀음을 선포한다. 이것은 그들의 범죄로 인한 것으로(7:5-9) 사회적 범죄(폭력, 교만, 전쟁, 재산과 같은 인간적 수단 의지)에 대한 암시와 심판의 과정들에 대한 묘사들(7:10-27)이 나타난다.

(3) 예루살렘의 우상숭배에 대한 환상과 심판(8:1-11:25)

① **예루살렘의 죄**(8:1-18)

- 야훼만을 위하는 성전이 완전히 우상숭배하는 곳으로 변질되어 버렸다. 이것이 예루살렘과 성전에 행할 심판의 근거가 된다(8:17-18). 하나님께서는 긍휼을 베풀지도 아니하시고 분노를 쏟아 부으신다(8:18; 9:10).

② **심판**(9:1-11)

- 하나님의 명령을 받은 여섯 사람 중 가는 베 옷을 입은 한 사람은 심판을 면할 자들을 표시하고(9:3-4), 나머지 다섯은 성전에서부터 야훼를 모욕한 가증한 백성들을 치기 시작한다(9:5-8).

③ **성전에서 떠나시는 야훼**(10:1-22)

- 가는 베 옷을 입은 한 사람은 숯불을 취해서 성읍을 불태우고(10:2-7), 야훼의 영광은 성전을 떠나시는데 이것은 곧 파멸을 의미한다.

④ **심판을 겪은 자와 겪지 않은 자**(11:1-25)

- 하나님께서는 심판을 겪지 않은 예루살렘 지도층의 교만과 사회적 범죄들을 지적하고 그 죄악으로 인한 심판을 보여주신다(11:1-13).
- 반면 심판을 겪은 포로민들에게는 새로운 출애굽을 행하시고, 한 마음과 새 영을 주며, 율례와 규제를 지키게 하셔서 다시 하나님의 백성으로 회복시켜 주신다(11:19-20).

8-11장은 환상들의 모음으로 구성되어 있는데(8:1-4; 11:24-25는 제외), 이 환상은 야훼의 손(권능)이 임하시는 것으로 시작해서(8:1), 환상이 떠나 '올라가는 것' 으로 끝맺는다(11:24).

환상에 나타난 예루살렘의 죄(겔 8:1-18)
성전 밖의 제단과 질투의 우상 (8:3-6)
애굽의 우상의 형상들 (각양 곤충, 가증한 짐승, 8:7-13)
이방의 신인 담무즈 숭배 (8:14-15)
제사장들의 태양숭배 (8:16-18)

성전에서 떠나시는 야훼 (겔 10:1-22)

야훼는 지성소에 있는 법궤 위의 보좌에서 성전 문지방으로(9:3; 10:4), 그룹들이 이끄는 움직이는 보좌로(10:18), 성전 안뜰의 동문으로(10:19), 마지막에는 성읍을 벗어나 감람산으로(11:23) 옮겨가신다.

(4) 상징행동을 통한 예루살렘에 대한 심판통고(12:1-24:27)

① 참 예언과 거짓 예언(12:1-14:23)

에스겔 시대의 거짓 예언자의 행위

- 자신들의 상상력으로 야훼의 이름을 빌어 허탄하고 거짓된 용기를 불어넣음(13:3, 6,7,8,9).
- 스스로 사회적 현실을 왜곡함
- 평강이 없음에도 평강을 말함(13:10).

- 에스겔은 2가지 상징행위(12:3-16,17-20)를 통해서 유다에게 심판을 선고한다.
- 야훼께서는 거짓 예언자들의 행위에 야훼께서는 분노하시고 그들에게 심판을 선고하신다(13:11-14). 또한 마음에 우상을 들이고, 죄악의 걸림돌을 자기 앞에 두고, 거짓 예언자들의 말을 듣는 모든 사람들도 심판을 피할 수 없다(14:10).

〈에스겔의 상징행동 2〉

본문	상징행동	의미
12:1–7	포로의 행장을 하고 성벽을 뚫고 이사함	예루살렘 성이 무너지고, 백성들은 포로가 되어 짐을 지고 끌려갈 것임
12:17–20	떨면서 음식을 먹고 놀라고 근심하면서 물을 마심	바벨론에 의해 땅이 황폐해질 것임

② 3가지 비유들(15:1-17:24)

3가지 비유(겔 15:1-17:24)

① 예루살렘을 열매 맺지 못한 포도나무(15:1-8)
② 음행과 가증한 일을 일삼는 여인(16:1-52)
③ 두 독수리(바벨론, 애굽) 사이에서 갈팡질팡하는 나무(17:1-24)

- 에스겔은 3가지로 비유하면서 예루살렘의 종교적, 사회적, 정치적 죄들을 폭로하고 심판을 선고한다. 그러나 심판을 거친 이후에 야훼께서는 그들을 구원하시고 새로운 언약을 세우실 것을 약속하신다(16:53-63; 17:22-24).

③ 3가지 심판의 대상(18:1-20:49)

• 이스라엘 백성들은 '주의 길이 공평하지 아니하다(18:25, 29)' 고 불평하면서 자신의 모습에 대해 올바로 성찰하지 않았다(18:2). 이스라엘 백성, 이스라엘 지도자들, 이스라엘 국가 모두가 심판의 대상이 된다.

④ **애가와 역사회고**(19:1-20:44)

• 에스겔은 암사자와 포도나무라는 두 가지 비유를 사용해 이스라엘 지도자들의 실패와 멸망을 장송곡(애가)으로 노래한다(19장).

• 에스겔은 이스라엘의 역사를 패역과 배교로 인한 실패의 역사로 일관되게 묘사한다. 그러나 야훼께서는 심판을 통해 정결케 하시고(20:33-38), 그들은 스스로의 죄를 깨닫고(20:43) 하나님의 거룩한 산에서 회복될 거룩한 예배에 참여하게 된다(20:39-44).

⑤ **비유와 해석, 심판과 그 이유**(20:45-22:31)

• 심판의 불과 칼은 자칭 의인과 악인을 포함해서 이스라엘의 전체에 이를 것이다(20:45-21:5).

• 심판이 다가온 이유에 대해 에스겔은 이스라엘의 패역한 죄를 지적한다(22:1-16). 그들은 용광로에 던져진 금속처럼 하나도 남김없이 모두 심판 받을 것을 선포한다(22:17-22).

⑥ **이야기, 비유, 상징행위, 표징**(23:1-24:27)

• 에스겔은 유다와 예루살렘에 임박한 멸망을 두 자매

하나님께서는 각 사람들의 행위에 따라(정의와 공의, 율법과 율례) 심판하시며(18:19-29), 그들이 스스로 돌이켜, 회개하고, 죄에서 떠나기 원하신다(18:30-32).

이스라엘의 패역과 배교
- 하나님의 율법(율례, 규례, 안식일)을 지키지 않음
- 지속적인 우상숭배

심판의 도구
춤추는 칼(21:8-17)
바벨론 왕의 칼(21:18-25)
왕관을 벗기는 칼(21:26-27)
암몬에게 향하는 칼(21:28-32)

예루살렘이 범한 죄(22:7-12)	지도자들의 죄(22:25-30)
· 부모를 업신여김 · 나그네를 학대함 · 고아와 과부를 해함 · 성물을 업신여기고 안식일을 더럽힘 · 이간을 붙임 · 산 위에서 제물을 먹음 · 음행하는 자 · 부정한 자	· 사람의 영혼을 삼킴 · 재산과 보물을 탈취함 · 과부를 많게 함 · 율법을 범함 · 성물을 더럽힘 · 피를 흘려 영혼을 멸함 · 허탄한 이상과 거짓 복술 · 가난한 자를 압제

오홀라
앗수르 사람과 행음하여 심판을 받아 죽임을 당함(23:5-10)

오홀리바
언니보다 더욱 음란해 앗수르, 바벨론 사람과도 연애함(23:11-21)

'오홀라(사마리아)'와 '오홀리바(예루살렘)'의 음행에 대한 처벌 이야기에 비추어 선포한다.

- 하나님께서는 에스겔에게 고기와 뼈를 삶는 가마의 비유를 백성에게 전하라고 말씀하신다(24:3-5). 이 비유는 가마의 녹을 제거하는 것으로 발전한다.
- 에스겔은 아내의 죽음에도 애통을 금지하는 야훼의 명령(24:15-24)과 그의 입이 열리는 표징(24:25-27)을 통해 예루살렘이 결국 함락될 것을 예고한다.

〈에스겔의 상징행동 3〉

본문	상징행동	의미
21:6-7	허리가 끊어질 듯이 탄식함	모든 사람들이 슬퍼하며 통곡할 재앙이 오고 있음
21:18-23	갈래 길 위에 지시표를 하고 두 길을 그림	바벨론 왕이 갈래 길에서 점을 치고 점괘에 따라 예루살렘으로 진격할 것임
24:15-24	아내가 죽어도 슬퍼하지 아니함	야훼께서 예루살렘의 멸망을 슬퍼하시지 않을 것임

2. 이방 민족들에 대한 심판(25:1-32:32)

(1) 암몬, 모압, 에돔, 블레셋을 향한 심판(25:1-17)

- 암몬, 모압, 에돔, 블레셋은 이스라엘의 멸망을 복수의 기회로 삼고자 했다(25:12,15). 이로 인해 하나님의 심판을 받고 야훼께서 주님이신 것을 깨닫게 된다(25:5,7,11,17).

(2) 두로와 시돈을 향한 심판(26:1-28:26)

- 당시 예루살렘은 육상무역, 두로는 해상무역의 중심지였는데 두로는 예루살렘의 멸망으로 무역을 통한 이익이 늘어날 것이라고 계산했던 것이다. 에스겔은 애가를 통해 두로의 영광이 쇠하고 결국 파멸 당할 것을 예언한다(27:3-36).
- 시돈 또한 두로와 마찬가지로 염병과 칼로 심판을 당한다(28:23).

(3) 애굽을 향한 심판(29:1-32:32)

- 과거에 큰 영화를 누리던 애굽에게 하나님께서는 심판의 도구로 느부갓네살을 사용하실 것이며(29:17-21), 애굽의 정치, 경제, 종교의 모든 것은 무너져 내리고, 애굽을 돕던 자들까지 심판 받을 것이다(30:1-19).

이방 민족들에 대한 하나님의 심판의 기준은 아브라함과 맺은 언약이다(창 12:3).

암몬, 모압, 에돔, 블레셋은 이스라엘을 미워하며 저주하였고, 그 땅이 황폐해지고 유다 족속이 사로잡혀가자 기뻐하고 조롱했다(25:3,6,8).

두로에 대한 하나님의 심판의 근거

- 예루살렘의 멸망을 보고 기뻐하며 무역을 통해 이익을 더욱 늘리려는 교만한 자랑(26:3)
- 두로와 두로의 왕이 자신을 하나님의 위치로까지 끌어올리려는 교만에 있음(28:1-19)

신탁	본문	종교달려과 양력	주요내용
1	29:1–16	제십년 시월 십이일 1월 7일, 주전 586년	바로 왕은 저주를 받을 것이고 애굽은 과거의 전성기를 다시는 회복하지 못할 것임
2	29:17–21	제이십칠년 정월 초일 4월 26일, 주전 570년	바벨론 느부갓네살 왕이 애굽을 정복할 것임
3	30:1–19	없음	언약 백성(유다)을 포함해 애굽과 동맹한 모든 종족들이 심판받을 것임
4	30:20–26	제십일년 정월 칠일 4월 29일, 주전 586년	바로 왕의 성한 팔과 이미 꺾인 팔이 모두 꺾일 것임
5	31:1–18	제십일년 삼월 초일 6월 21일, 주전 586년	예표로서 백향목과 같던 앗수르의 멸망
6	32:1–16	제십이년 십이월 초일 3월 3일, 주전 584년	바로에 대한 애가
7	32:17–32	제십이년 어느달 15일 15일, 주전 584년	장송곡

바로의 교만함(29:3-5; 31:10)과 그들의 이기적 행위 때문에(29:6-7) 그의 모든 영토가 40년 동안 황폐해짐

• 바벨론은 점점 홍해질 것이고(30:20-26), 애굽은 바벨론에 의해 이미 멸망당한 앗수르와 같은 처지가 될 것이다(31:1-18).

3. 이스라엘의 구원(33:1-48:35)

(1) 구원선포(33:1-39:29)

① 파수꾼 에스겔과 예루살렘의 함락(33:1-33)

• 야훼께서는 에스겔을 파수꾼으로 삼으시고(33:7-9), 이

스라엘의 죄를 지적(33:10-11)하는 한편 '돌이킴' 을 촉구(33:9,11)하게 하신다.

- 예루살렘에서 도망하여 온 한 사람이 그에게 예루살렘 성이 함락되었음을 보고하자 그 동안 닫혀있던 입이 다시 열린다(33:21-22).
- 에스겔은 예루살렘 패망 후 본토에 남은 자들의 땅에 대한 그릇된 의식(33:23-29)과 포로민들이 듣고 행하지 않음을 비판하고 심판을 선고한다(33:30-33). 그러나 이후부터는 심판을 경험한 이들을 위해 구원을 선포한다.

② 거짓 목자와 참 목자(34:1-31)

- 에스겔은 이스라엘에 거짓목자들에 대해 심판을 선포하고(34:1-10), 야훼께서는 잃어버린 자, 쫓긴 자, 상한 자, 병든 자(참조. 34:4,16)를 위해 참 목자가 되어 그들을 구원, 인도와 보호, 축복하실 것을 약속하신다(34:11-16).

야훼께서는 자신의 한 목자를 세우시고 그를 통해 다윗 왕조를 회복시키시며(34:17-24), 화평의 언약(34:25-31)을 통해 이스라엘을 회복시켜 주실 것을 약속하신다.

구분	거짓 목자(33:30-34:6)	참 목자(34:7-16)	선한 목자(예수 그리스도)
동기	이기심	충성심	사랑
내용	· 자기 유익만 구함 · 양을 돌보지 않음 · 하나님보다 세상 의지 · 양을 흩음	· 순종과 사랑 · 양을 보살피고 먹임 · 잃은 양을 찾아 애씀 · 하나님의 말씀만 증거	· 아가페의 사랑 · 살진 꼴을 주심 · 안식을 주심 · 싸매며 고치심
결과	멸망	생명의 면류관	구원

③ 에돔에 대한 심판과 이스라엘의 회복(35:1-36:38)

이스라엘의 회복의 내용
- 포로 귀환(36:24)
- 용서와 속죄(36:25)
- 새 영과 새 마음을 주심 (36:26)
- 율례와 규례를 행하게 하심 (36:27)
- 죄를 싫어하게 됨(36:31)

동맹국들의 전쟁의 궁극적 목적

이스라엘이 야훼가 자신들의 하나님인 줄 알게 하고, 과거에 포로로 잡혀갔던 일은 야훼의 무능 때문이 아니라 자신들의 범죄로 인해 하나님께 심판받은 것임을 여러 민족들이 알게 하기 위한 것이다(39:21-24).

- 야훼께서는 세일과 에돔의 산들을 심판하시고(35:1-36:15), 자신의 '거룩한 이름을 위하여(36:20-23)' 이스라엘을 회복시켜 주신다(36:16-38).

④ 마른 뼈 환상, 상징행위, 약속(37:1-28)

- '마른 뼈 계곡' 환상을 통해 마른 뼈와 같던 처지의 이스라엘의 회복을 예견한다(37:1-4).
- 에스겔은 유다와 요셉의 막대기를 합하는 상징행동을 통해 솔로몬 사후 분열되었던 유다와 이스라엘의 지파들이 온전히 '한 백성'으로 회복될 것을 예언한다(37:15-23).
- 야훼께서는 새로운 출애굽을 일으키시고, 다윗을 세우시며, 이스라엘을 정화시킴으로 새롭게 회복시킬 것을 약속하신다(37:24-28).

⑤ 이스라엘의 미래(38:1-39:29)

- 여러 날 후 말년에(38:8) 곡과 그의 동맹국들이 포로에서 돌아온 이스라엘을 대상으로 전쟁을 일으킨다.
- 야훼께서는 전쟁을 통하여 모든 이들이 자신이 이스라엘의 거룩한 자인 줄 알기 원하신다(38:16,23; 39:6,7,22,28).
- 야훼께서는 이들을 친히 무찌르시고(38:19-39:8), 전쟁의 흔적을 없애시며(39:9-16), 이스라엘을 위한 잔치를 베푸신다(39:17-20).

(2) 새 성전에 대한 환상(40:1-48:35)

① 예루살렘 성전의 재건(40:1-44:31)

- 에스겔은 환상 가운데 본 재건된 예루살렘 성전의 모습을 아주 자세하게 기술한다.
- 야훼 하나님께서 영광 가운데 '많은 물소리' 와 같은 소리를 내면서 예루살렘으로 다시 돌아오신다(43:2).
- 에스겔은 제의의 중요성을 강조하며 새로운 성전에서 제의가 회복되면, 이스라엘 공동체는 새롭게 회복될 것이라고 예언한다(44:2).

〈예루살렘 성 단면도〉

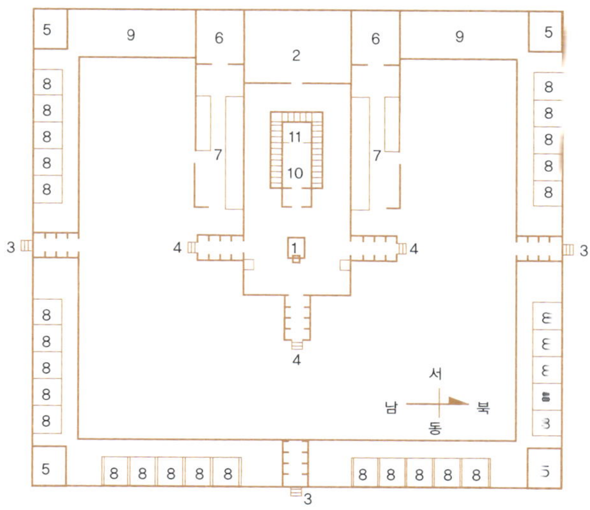

1. 제단
2. 서편 건물
3. 바깥문
4. 안문
5. 백성을 위한 부엌
6. 제사장을 위한 부엌
7. 제사장의 방
8. 바깥뜰에 있는 방
9. 박석 깔린 땅
10. 성소
11. 지성소

땅의 재분배
- 성전(45:1-5)
- 성읍(45:6),
- 왕(45:7-8)
- 여러 지파들(47:13-48:29)

② **세 가지 미래의 약속**(45:1-48:35)

- 첫째, 다윗 왕조를 재건하고 야훼를 대리하여 이스라엘을 다스릴 것이다(44:3; 참조. 34:23-24).
- 둘째, 모든 피조물이 새롭게 되는 역사가 일어날 것이다(참조. 창 2:10-14).
- 셋째, 땅에 대한 재분배가 일어날 것이다(참조. 수 13-19장의 땅 분배).

- 이러한 모든 일이 있은 후에 야훼의 처소인 예루살렘은 '야훼 삼마(야훼께서 거기에 계시다)' 라고 불리게 될 것이다(48:35).

〈겔 45장에 따른 땅 분배〉

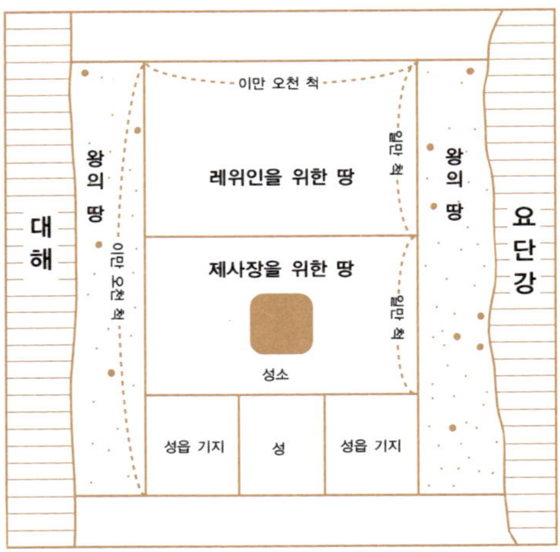

에스겔의 적용과 실천

- 에스겔은 "야훼의 권능이 내 위에 임했다" 고 선언했습니다. 우리도 우리 위에 임한 하나님의 손에 자신을 의탁하고 있습니까(1:2-11)?

- 골짜기의 마른 뼈들은 하나님의 말씀의 능력이 임할 때 큰 군대가 되어 놀라운 역사가 있었습니다. 우리의 생활 중에 이러한 하나님의 말씀의 능력으로 인해 어떤 일들이 일어나고 있습니까(37:7-10)?

택하신 모든 자들에게 구원의 강물은 지금도 변함없이 흐르고 있으며 그 구원은 오직 하나님으로부터 말미암습니다. 생명수의 근원이신 하나님과 동행할 때 우리의 영혼도 소생되어지며 성숙되어 갑니다.

에스겔(1~48장) 읽기

주일	월	화	수	목	금	토
1:1-5:17	6:1-11:25	12:1-18:32	19:1-25:17	26:1-32:32	33:1-39:29	40:1-48:35

다니엘

"왕이여 우리가 섬기는 하나님이 계시다면 우리를 맹렬히 타는 풀무불 가운데에서 능히 건져내시겠고 왕의 손에서도 건져내시리이다 그렇게 하지 아니하실지라도 왕이여 우리가 왕의 신들을 섬기지도 아니하고 왕이 세우신 금 신상에게 절하지도 아니할 줄을 아옵소서" (단 3:17-18)

기록목적 다니엘서는 이스라엘의 신앙의 위인이자 지혜자였던 다니엘과 세 친구들의 삶을 조명함으로써 독자 또한 어떠한 신앙의 위기 상황에서도 믿음을 저버리지 않고 역사의 주관자이신 하나님의 구원을 소망하며 살 것을 권면하기 위해 기록되었다.

저　　자 다니엘

특　　징
- 하나님께서 이방 땅에서도 자신의 백성을 풀무불이나 사자굴 같은 어떠한 고난 속에서도 보호하시고 구원하시는 능력을 가진 분이심이 잘 나타난다.
- 느부갓네살 왕이 꿈에서 본 신상을 통해 세계의 역사는 하나님의 계획대로 진행되며, 하나님께서 역사의 주관자가 되심을 보여준다.
- 하나님께서 자신의 백성에게 신실하시듯, 하나님의 백성도 그분께 신실해야 하며, 어떠한 순간에도 하나님께 기도드리고 믿음의 고백을 저버리지 말아야 함을 강조한다.
- 세상의 끝에 관한 묵시문학적인 전망을 보여준다.

내·용·분·해

대분류	소분류	주요 내용
1. 다니엘에 관한 이야기 (1:8–6:28)	(1) 느부갓네살 왕 치하 (1:1–4:37)	① 첫 번째 시련의 이야기 – 왕의 음식 거부 ② 첫 번째 경쟁의 이야기 – 꿈의 해석 ③ 두 번째 시련의 이야기 – 왕의 신상숭배 거부 ④ 두 번째 경쟁의 이야기 – 꿈의 해석
	(2) 벨사살 왕 치하 (5:1–31)	① 세 번째 경쟁의 이야기 – 글자의 해석
	(3) 다리오 왕 치하 (6:1–28)	① 세 번째 시련의 이야기 – 예루살렘을 향한 기도
2. 다니엘의 종말론적 환상 (7:1–12:13)	(1) 벨사살 왕 치하 (7:1–9:27)	① 벨사살 왕 원년의 환상 ② 벨사살 왕 삼 년의 환상 ③ 다니엘의 기도와 천사의 계시
	(2) 고레스 왕 치하 (10:1–12:13)	① 다니엘의 계속된 기도와 전개될 역사에 관한 천사의 계시 ② 종말의 도래와 기다림의 기간

내·용·연·구

1. 다니엘에 관한 이야기(1:8-6:28)

(1) 느부갓네살 왕 치하(1:1-4:37)

① 첫 번째 시련의 이야기 - 왕의 음식 거부(1:1-21)

- 다니엘과 그의 세 친구는 여호야김 왕 3년 유대 땅에서부터 바벨론으로 끌려와 이방 왕을 섬기며 살 수 밖에 없었던 디아스포라 시대의 사람들이었다. 그들은 모든 지혜와 지식과 학문에 통달한 자들이었으며, 유대인 디아스포라의 처지를 대변하고 있다. 느부갓네살 왕의 택함을 받은 이들은 바벨론 궁정에서 3년간 훈련을 받는다(1:1-7).
- 다니엘과 세 친구들은 바벨론 왕의 부정한 음식을 거부하고 물과 채소만 먹으며 10일간의 시험을 거친다. 그 결과 그들은 왕의 음식을 먹는 다른 사람들보다 오히려 더 건강하다는 사실이 증명된다. 이 사건 이후 네 사람은 뛰어난 지혜와 모든 계시와 환상을 푸는 능력을 하나님께로부터 받는다(1:8-21).

② 첫 번째 경쟁의 이야기 - 꿈의 해석(2:1-49)

- 느부갓네살은 왕위에 오른 지 2년 후 어느 날 본 꿈으로

"지혜 있는 자는 궁창의 빛과 같이 빛날 것이요 많은 사람을 옳은 데로 돌아오게 한 자는 별과 같이 영원토록 빛나리라"(단 12:3)

다니엘(단 1:6)
'하나님은 나의 심판자시다'는 뜻. 다니엘은 평생 이 말씀을 염두에 두면서 하나님을 경외하는 마음으로 살았다.

다니엘의 세 친구(단 1:6)
하나냐, 미사엘, 아사랴(바벨론식 이름: 사드락, 메삭, 아벳느고)

인해 번뇌하며 잠을 이루지 못했다. 그는 전국의 박수, 술객, 점쟁이들을 불러 꿈의 내용을 말하고 그 꿈에 대해 풀이할 것을 명령했지만, 그들은 '꿈을 듣지 못한 채 풀이하는 것은 불가능하다'고 말해 생명의 위기에 처한다(2:4, 7).

- 다니엘이 왕 앞에 나가 꿈의 내용과 그 해석을 보일 것을 약속했다. 그가 기도하자 환상 중에 은밀한 것이 다니엘에게 풀이되었고, 그는 '오직 하늘에 계신 하나님만이 은밀한 것을 나타내신다' 고 고백한다(2:28).
- 다니엘의 꿈 풀이를 통해서 바벨론 술사들은 구원을 받고, 다니엘과 세 친구들은 높은 고관의 자리에 올랐다. 또한 이방인 왕 느부갓네살은 '너희 하나님은 참으로 모든 신들의 신이시요 모든 왕의 주재시며, 은밀한 것을 나타내는 이' 라고 찬양한다.

〈느부갓네살의 꿈에 대한 해석〉

구분	부위	재료	상징하는 대상	꿈의 의미
신상	머리	금	바벨론	· 지상의 왕국들이 모두 멸망하고 영원한 하나님의 나라가 세워질 것임 · 야훼 하나님은 역사의 주인이 되심
	가슴과 팔	은	메데-바사	
	배와 넓적다리	놋	헬라제국	
	다리	쇠	로마제국	
	열 발가락	쇠+ 진흙	유럽의 10개국	
돌			하나님께서 세우실 왕국	

③ 두 번째 시련의 이야기 - 왕의 신상숭배 거부(3:1-30)

- 느부갓네살은 금 신상을 만들고 모든 사람들에게 낙성 예식에 참여하여 신상에 절하도록 하였다(3:1-7). 그러나 사드락, 메삭, 아벳느고는 이 예식에 참여하지 않았고, 이에 불만을 품은 갈대아 사람들은 그들의 행동에 대해 왕에게 참소한다(3:6-12).
- 분노한 왕은 금 신상에 절하도록 회유하지만, 그들은 끝까지 거절했다(3:13-18). 결국 세 사람은 풀무 불 가운데 던져졌고(3:19-23), 불 속에서 오히려 야훼의 구원을 받게 되었다(3:24-27).

④ 두 번째 경쟁의 이야기 - 꿈의 해석(4:1-37)

- 4장의 앞부분(4:3)과 뒷부분(4:34, 37)에는 느부갓네살의 하나님 찬양과 신앙고백이 나타나며, 그 사이에 느부갓네살의 꿈과 다니엘의 해석, 꿈의 성취가 나타난다(4:4-36).
- 어느 날 느부갓네살은 두 가지 꿈을 꾸고 다니엘은 이 꿈들을 해석해낸다. 이것은 1년 뒤 교만했던 느부갓네살에게 실제로 임하고, 그는 하나님의 심판을 받아 7년간 정신병이 들어 들에서 짐승같이 지내다가 기한이 지난 후에 정상으로 돌아온다. 이 체험 후 느부갓네살은 완전히 변화되어 하나님을 찬양한다(4:34).

손대지 아니한 돌(단 2:34)
사람이 아무런 일도 하지 않았는데 (바위산에서) 잘려져 나온 돌을 가리킨다. 이는 돌의 자의적인 활동성과 신적인 기원을 시사한다. 결국 이 돌은 모든 세상 나라들을 허물고 영원히 서게 될 메시야 왕국을 예시한다.

초자연적인 하나님의 구원하심을 확인한 느부갓네살은 야훼 하나님을 높이며, 사드락, 메삭, 아벳느고의 지위도 함께 높여준다(3:28-30).

4장은 땅의 지배자 느부갓네살이 그가 직접 경험한 하늘의 왕의 이적과 기사를 백성들에게 조서를 내려 공포하는 형식으로 되어 있다.

느부갓네살의 두 가지 꿈
① 큰 나무의 환상: 4:10-12
② 파수꾼의 환상: 4:14-17

(2) 벨사살 왕 치하(5:1-31)

① 세 번째 경쟁의 이야기 - 글자의 해석(5:1-31)

- 벨사살 왕이 벌인 잔치에서 예루살렘 성전에서 탈취하여 온 금, 은 그릇들이 술잔으로 사용되었다(5:1-4). 그런데 잔치 중에 벽에 사람의 손가락이 나타나서 글자를 쓰고 이를 본 벨사살 왕은 두려움에 사로잡힌다(5:5-6). 왕은 갈대아 술사들에게 글자를 해독할 것을 명령하지만 실패하고, 결국 왕비의 천거로 다니엘을 불러 이를 해독한다.
- 다니엘은 먼저 왕에게 느부갓네살의 전례를 알면서도 그 역사적 교훈을 받지 않고 오히려 엄청난 불경건의 죄를 지은 것을 책망하고 그의 나라가 메대와 바사로 나누어질 것을 예언한다. 벨사살은 그에게 상급을 주고 높은 지위를 주지만 결국 그날 밤 죽임을 당함으로 다니엘의 예언은 성취되었다.

벨사살(단 5:1)
'벨(바벨론의 신)이여! 왕을 보호하소서' 라는 뜻. 나보니두스의 아들이며 바벨론 제국의 마지막 왕. 재위 3년 때 바사 왕 고레스에 의해 살해되고 바벨론은 멸망함

손가락이 기록한 글자(단 5:25)
'메네 메네 데겔 우바르신'
1. 메네 : 무게의 단위이면서 여기서는 '세어서 한계를 정한다' 는 뜻
2. 데겔 : 은화를 측량하는 무게 단위
3. 우바르신 : '그리고 둘로 나눈다' 라는 뜻

결국 '메네 메네 데겔 우바르신' 은 아무리 무게를 달고 측량해 보아도 벨사살이 하나님의 공의를 만족시키기에 부족하기 때문에 그의 나라는 둘로 쪼개지게 된다는 의미

(3) 다리오 왕 치하(6:1-28)

① 세 번째 시련의 이야기 - 예루살렘을 향한 기도(6:1-28)

- 다니엘이 왕국의 치리자로 발탁되자(6:1-3), 그를 시기하는 동료 신하들이 음모를 꾸민다(6:4-9). 그들은 왕에 금령을 내리도록 건의한다.
- 왕의 조서가 내려졌음에도 불구하고 다니엘은 굴하지 않고 계속 예루살렘을 향하여 하루 세 번씩 기도하였다

(6:10-11).

- 다니엘은 사자 굴에 던져졌으나 하나님의 보호하심으로 무사할 수 있었고, 왕은 그를 참소한 자들을 대신 사자 굴에 던져 넣는다(6:19-27).

신하들이 음모(단 6:4-9)
30일 동안 왕 이외의 아무 신에게 구하지 못하게 하고 이를 어기는 자에게는 사자 굴에 던지는 형벌을 내리는 것

2. 다니엘의 종말론적 환상(7:1-12:13)

(1) 벨사살 왕 치하(7:1-9:27)

① 벨사살 왕 원년의 환상(7:1-28)

- 7장은 다니엘이 벨사살 왕 원년에 침상에서 받은 환상이다(7:1). 3가지 환상이 차례로 나타나는데, 첫 번째 환상(7:1-8)은 "하늘의 네 바람이 큰 바다로 몰려 불더니, 그 바다에서 나온 네 짐승"(7:2)에 대한 것이다. 여기에서 바다는 혼돈의 바다이며, 짐승들은 묵시문학적 언어로 표현된 역사의 실재들, 즉 바벨론-메데-바사(페르시아)-헬라이다.
- 두 번째(7:9-12)와 세 번째 환상(7:13-14)은 넷째 짐승의 눈과 입을 가진 작은 뿔의 횡포를 무찌르고 심판하는 하늘의 세력을 보여주고 있다.
- 다니엘이 그가 본 환상들의 의미를 깨닫지 못하자 하나님께서는 천사(가브리엘)를 통해 그 의미를 해석해 주

1-6장
다니엘은 다른 사람의 꿈을 해석

7-9장
벨사살 왕 시기에 다니엘이 받은 환상들을 보도

7-12장
다니엘이 보고 들은 묵시를 전함

가브리엘(단 8:16)
'하나님의 사람' 이란 뜻. 성경에 언급된 두 천사 중 하나. 하나님의 보좌를 호위하며 하나님의 뜻을 인간에게 전달하는 책임을 맡았다.

'옛적부터 항상 계신 이'는 이러한 혼돈의 세력을 심판하심으로 성도들의 원한을 풀어 주시고 그가 세우실 영원한 나라에서 모든 민족들이 그를 섬기게 하실 것이다(7:22,27).

현저한 뿔(단 8:5)
'두드러진 뿔.' 헬라 제국의 실질적인 창건자라 할 수 있는 알렉산더 대왕(주전 336-323년)을 상징한다.

숫양(단 8:7)
두 뿔을 가진 숫양은 메대와 바사 제국을 상징한다.

10-12장에는 고레스 3년에 다니엘이 전쟁에 대한 환상을 보고 근심하며 힛데겔 강가에서 3주 동안 간절히 기도할 때, 천사가 나타나서 그와 대화를 나누는 내용이 자세하게 기록되어 있다.

신다.

② 벨사살 왕 삼 년의 환상(8:1-27)

- 8장은 다니엘에게 벨사살 왕 삼 년에 다시 나타난 이상인데, 여기에서는 두 뿔 가진 숫양과 뿔 가진 숫염소의 환상이 연속해서 나타난다.
- 숫양은 "현저한 뿔"을 가진 숫염소에게 짓밟히고, 이어서 숫염소의 현저한 뿔이 꺾이고 네 개의 뿔(4명의 장군들)이 사방에서 나는 모습을 본다. 이어서 네 개의 뿔 중 한 뿔에서 또 작은 뿔(안티오쿠스 에피파네스)이 나오는데 그는 폭정을 일삼으며, 성소를 허는 등 죄악을 저지른다.

③ 다니엘의 기도와 천사의 계시(9:1-27)

- 다니엘은 공동체를 대표하여 이스라엘의 죄를 회개하고 하나님께 구원을 위한 중보기도를 드린다(9:4-19).
- 천사는 "칠십 이레(한 이레=7년)"라는 기간이 이스라엘 백성과 예루살렘 성을 위하여 정해진 기간이라고 전한다. 즉, 유대인을 "연단하고, 정결케 하고, 희게 하기 위하여(11:35)" 수난이 주어졌다는 것이다. 그 때가 찰 때, 허물이 그치며 죄가 끝나며 죄악이 용서되며 영원한 의가 드러나며 환상과 예언이 응하며 또 지극히 거룩한 이가 기름부음을 받는다(9:24). 성전의 훼파가 극심하고, 유대인은 처절한 고통을 당하지만 그것도 기껏해야 반 이레 밖에 가지 못한다.

(2) 고레스 왕 치하(10:1-12:13)

① 다니엘의 계속된 기도와 전개될 역사에 관한 천사의 계시 (10:1-12:4)

본문	성경의 표현	역사적 배경
11:2	바사의 세 왕	알렉산더 시대
11:3-4	헬라의 능력 있는 왕	프톨레미 왕조의 부상
11:5-6	남방 왕과 북방 왕	북방 왕과 남방 왕의 전쟁
11:7-9	북방 왕과 남방 왕의 전쟁	이집트(프톨레미)와 시리아(셀류커스) 사이의 전쟁
11:10-19	남방 왕을 진압하는 북방 왕	안티오쿠스 3세
11:20	얼마 후 살해될 또 다른 북방 왕	셀류커스 4세
11:21-45	비열한 정복자 북방 왕	안티오쿠스 4세

- 여기에서 초점은 유대인을 박해했던 안티오쿠스 4세의 운명에 맞추어진다. 천사장 미가엘은 그를 멸절시키고, 그때까지 수난 당했던 자들을 '깨어나게 하여 별처럼 영원히 빛나게' 하겠다는 종말론적인 계시로 그의 말을 마친다.

미가엘(단 8:16)
'누가 하나님과 같으랴' 란 뜻. 가브리엘과 더불어 성경에 언급된 천사. 하나님의 백성을 도와 거룩한 전쟁을 수행하는 천사

② 종말의 도래와 기다림의 기간(12:5-13)

- 다니엘서 12장 5-13절은 2가지의 질문과 대답으로 구성되어 있는데, 첫 번째 질문과 그 대답은 종말의 도래에 대한 기다림의 기간에 대해서 다룬다(12:6-7). "이 놀라운 일의 끝이 어느 때까지냐?" "한 때, 두 때, 반 때가 지나

가야 한다."

- 두 번째 질문과 대답은 종말의 도래에 이르기까지 겪어야 할 삶의 과정들을 소상히 나열하고 있다. 그러나 거기에도 여전히 지연되는 기다림의 때가 있다. 즉, 최후의 구원을 얻기까지는 많은 인내의 시간이 필요하다는 것이다
- 현실은 악한 자가 가득하지만 미래는 하나님께 속해있다. 다니엘서는 이야기나 묵시를 통해 그 날이 올 때까지 우리들을 '신앙인으로 살아가도록' 초청하고 있다.

다니엘의 적용과 실천

불 시험과 같은 뼈저린 환난과 핍박과 고통 가운데에서도 인내하며 믿음을 지킨 다니엘의 세 친구들처럼 여러분도 믿음으로 시험을 이길 수 있습니까? 여러분에게 있어 하나님을 향한 믿음과 인내를 시험하는 일은 무엇입니까(3:13-23)?

여러분은 마지막 날에 있을 환난을 기도와 믿음으로 준비하고 있습니까? 하나님의 때를 기다리며 읽는 말씀이 이해되지 않을 때 기도로 성령님의 도우심을 구하고 있습니까? 영원한 상급을 받아 누릴 그날을 소망하며 거룩함을 지키고 있습니까(12:5-13)?

주전 605년 느부갓네살이 처음 예루살렘을 포위했을 때, 어린 나이의 다니엘은 바벨론으로 끌려간 포로들 속에 있었습니다. 이스라엘 백성이 범죄함으로 포로의 신세가 되었지만, 하나님은 그곳에서도 자기 백성을 돌보시고 격려하셨습니다. 교만한 권세자들을 낮추시고 강대한 세상 패권 국가를 폐하시며, 경건한 사람들을 위기에서 건지시고 영원한 하나님의 나라를 당신의 계획표대로 꾸준히 세워 가셨습니다. 다니엘서가 보여준 대로 역사와 묵시를 통한 하나님의 주권적 섭리를 깨닫고 우리들도 믿음으로 환난을 견뎌야 하겠습니다.

다니엘(1~12장) 읽기

주일	월	화	수	목	금	토
1:1-4:37	5:1-6:28	7:1-9:27	10:1-12:13			

호세아

"너희가 자기를 위하여 공의를 심고 인애를 거두라 너희 묵은 땅을 기경하라 지금이 곧 야훼를 찾을 때니 마침내 야훼께서 오사 공의를 비처럼 너희에게 내리시리라"(호 10:12)

기록목적 호세아는 하나님과의 언약을 파기한 북이스라엘이 하나님의 심판을 받아 멸망할 수밖에 없음을 자신의 가정을 통해 보여주고, 그럼에도 불구하고 이스라엘을 향한 하나님의 사랑은 이스라엘을 포기할 수 없는 애끓는 사랑임을 말함으로써 하나님의 사랑의 위대한 승리를 보여주기 위해서 본서를 기록하였다.

저　　자 호세아

특　　징
- 음란한 여자와의 결혼과 자녀의 출산이라는 호세아의 개인적인 삶을 통해 북이스라엘을 향하신 하나님의 사랑을 강하게 보여 줌으로써 다른 신을 두어서는 안 된다는 것을 가르쳐준다.
- 하나님께서 이스라엘 백성에게 요구하시는 것이 진실, 인애, 하나님을 아는 지식과도 같은 하나님과의 언약관계에서의 충실성임을 보여준다.
- 하나님을 배신한 이스라엘 백성에 대한 하나님의 심판과 계속되는 하나님의 사랑의 마음이 잘 드러난다.

내·용·분·해

대분류	소분류	주요 내용
1. 이스라엘의 죄악과 하나님의 신실한 사랑을 보여주는 호세아의 결혼생활 (1:1–3:5)	(1) 호세아의 결혼과 이스라엘의 죄악 (1:1–3:5)	① 고멜과의 결혼과 세 자녀 ② 이스라엘의 회복 ③ 죄와 심판 ④ 하나님의 회복의 역사 ⑤ 타락한 아내의 구속
2. 신실하지 못한 이스라엘에 대한 심판과 끊을 수 없는 하나님의 사랑 (4:1–14:9)	(1) 이스라엘의 죄와 원인 (4:1–6:3)	① 우상숭배에 대한 심판 ② 이스라엘의 지도자들과 백성에 대한 경고 ③ 회개의 노래
	(2) 이스라엘의 타락과 심판(6:4–10:15)	① 이스라엘에 대한 하나님의 고발 ② 심판 선포 ③ 열매 맺지 못하는 이스라엘에 대한 거듭된 회개촉구
	(3) 죄지은 이스라엘을 향한 하나님의 불변의 사랑(11:1–11)	① 변함 없는 하나님의 사랑
	(4) 이스라엘의 죄와 심판(11:12–13:16)	① 이스라엘의 신실치 못함의 원형인 야곱 ② 피할 수 없는 멸망
	(5) 회개 촉구와 회복의 약속(14:1–9)	① 회개의 촉구 ② 하나님의 용서와 회복의 약속

내·용·연·구

1. 이스라엘의 죄악과 하나님의 신실한 사랑을 보여주는 호세아의 결혼생활(1:1-3:5)

"웃시야와 요담과 아하스와 히스기야가 이어 유다 왕이 된 시대 곧 요아스의 아들 여로보암이 이스라엘 왕이 된 시대에 브에리의 아들 호세아에게 임한 야훼의 말씀이라" (호 1:1)

(1) 호세아의 결혼과 이스라엘의 죄악(1:1-3:5)

① 호세아의 아내와 세 자녀(1:1-9)

- 호세아는 하나님의 명령에 순종하여 음란한 여자 고멜을 아내로 맞이하여 음란한 세 자녀를 낳았다. 이스라엘의 죄악과 비극, 하나님의 심판을 말하기 위한 것이다.

순서	이름		이름의 뜻
아들	이스르엘	1:4	하나님이 흩으신다
		1:11	하나님이 심으신다
딸	로루하마	1:6	긍휼히 여김을 받지 못하는 자
	루하마	2:1	긍휼히 여김을 받는 자
아들	로암미	1:8–9	내 백성이 아니다
	암미	2:1	내 백성이다

② 이스라엘의 회복(1:10-2:1)

- 하나님의 심판 이후에 이스라엘의 자손은 하나님의 아들들이 되고, 유다 자손과 이스라엘 자손이 한 우두머리를 세우고 연합하여 번성하게 되며 암미, 루하마라 불리

암미(호 2:1)
'내 백성' 이라는 뜻

루하마(호 2:1)
'긍휼히 여김을 받는 자' 라는 뜻

게 된다.

③ **죄와 심판**(2:2-13)

- 하나님께서는 바알숭배에 물든 이스라엘을 고발하시며 그들의 음행을 제거하지 않으면(2:2) 심판하실 것을 말씀하신다.

바알(호 2:17)
'주인' 이라는 뜻

④ **하나님의 회복의 역사**(2:14-23)

- 하나님께서 범죄한 이스라엘을 계속해서 사랑하셔서 위로하고 포도원을 주시며(2:14-20), 풍성한 축복으로 응답하시고 다시금 그들을 하나님의 백성이라 하실 것이다(2:21-23).

⑤ **타락한 아내의 구속**(3:1-5)

- 이스라엘의 타락은 남편을 두고 간음한 여인과 같다. 호세아는 하나님의 명령에 의해 바람난 아내 고멜을 값비싼 대가를 치르고 다시 데려온다(3:2).

2. 신실하지 못한 이스라엘에 대한 심판과 끊을 수 없는 하나님의 사랑(4:1-14:9)

(1) 이스라엘의 죄와 원인(4:1-6:3)

① **우상숭배에 대한 심판**(4:1-19)

- 이스라엘 땅에는 진실도 없고 인애도 없고 하나님을 아

는 지식도 없어 율법과 하나님을 버리고 음행하여 심판을 받게 된다(4:1-6).

② **이스라엘의 지도자들과 백성에 대한 경고**(5:1-15)

- 이스라엘의 제사장들, 왕족들 그리고 족장들은 이스라엘 백성들을 바알 숭배(5:3-7)와 앗수르에게 도움을 청하는 것(5:8-14)으로 인도한다. 그러나 하나님께서는 자신을 배반한 백성에게 다시 한 번 기회를 주신다(5:15).

이스라엘의 행위가 하나님께 돌아가지 못하게 한 것은 음란한 마음으로 인해 야훼를 알지 못하는 까닭이다(4:7-19).

③ **회개의 노래**(6:1-3)

- 이스라엘 백성은 "야훼를 알자 힘써 야훼를 알자" 노래하면서 일시적으로 회개한다.

(2) 이스라엘의 타락과 심판(6:4-10:15)

① **이스라엘에 대한 하나님의 고발**(6:4-7:16)

- 호세아는 이스라엘의 회개가 지속적이고 진실하지 못하다는 것을 지적하고(6:4-11) 그 시대의 왕들이 대부분 암살당한 것은 그들의 거짓과 도둑질, 노략질 등의 죄악 때문임을 분명히 드러낸다(7:1-7; 참조. 왕하 15:10,14,25,30).
- 호세아는 이스라엘이 애굽과 앗수르에게 의존하고 하나님께 돌아오지 않으므로 패망하고 조롱거리가 될 것임을 선포한다(7:8-16).

② **심판 선포**(8:1-9:17)

- 이스라엘은 바알과 우상을 만들어 숭배하였으나(9:1) 전

쟁에서의 패배로 우상도 파괴되고 다시 애굽으로 피신(8:4,11-14)하지만, 죽게 되는 운명에 처한다(9:2-6).

- 이스라엘의 지도자들이 먼저 부패하였기 때문에 이스라엘의 멸망은 돌이킬 수 없게 되었다(9:7-15).

③ **열매 맺지 못하는 이스라엘에 대한 거듭된 회개촉구**(10:1-15)

- 하나님께서는 이방인의 노예로 전락한 이스라엘 백성들에게 다시금 회개하여 공의를 심고 인애를 거두고, 야훼를 찾을 것을 권고하신다(10:9-15).

인애(히, 헤세드)

인애란 하나님과 이스라엘 백성 사이에 맺어진 언약관계에서 요구되는 '의무를 다하는 충성된 사랑', '경건', '친절'을 나타낸다. 또한 '하나님에 대한 사랑'과 '하나님을 아는 지식'에 뿌리를 둔 '이웃에 대한 사랑'까지 의미한다.

(3) 죄지은 이스라엘을 향한 하나님의 불변의 사랑(11:1-11)

① **변함 없는 하나님의 사랑**(11:1-11)

- 우상을 숭배한 이스라엘은 결국 앗수르의 지배를 받게 되는 심판을 받는다(11:1-7). 그러나 하나님은 자신의 백성에 대한 불타는 사랑으로 그들을 완전히 멸망시키시지 않으신다.

(4) 이스라엘의 죄와 심판(11:12-12:14)

① **이스라엘의 신실치 못함의 원형인 야곱**(11:12-12:14)

- 에브라임은 거짓으로 유다는 정함이 없이 하나님께 대하고, 앗수르와 계약을 맺고 기름을 애굽으로 보낸 그들의 행위대로 보응하신다(11:12-12:2).
- 에브라임의 야훼에 대한 신실하지 못한 행위로 인해 야

곱이 하란으로 간 것처럼 이스라엘의 포로유배는 불가피하다. 하지만 하나님께서는 이스라엘에게 회개의 길을 열어 놓으신다(12:3-6).

② **피할 수 없는 멸망**(13:1-16)

- 애굽 땅에 있을 때부터 그들이 마음이 교만하여 하나님을 잊었음으로 하나님께서 그들에게 사자, 표범 그리고 곰 같이 되어 그들을 심판하신다(13:4-8).
- 하나님께서는 이스라엘이 구한 왕과 지도자들을 하나님의 분노와 진노로 폐하신다(13:9-16).

(5) 회개촉구와 회복의 약속(14:1-9)

① **회개촉구**(14:1-3)

- 호세아는 불의함으로 말미암아 엎드러진 이스라엘이 하나님께 돌아와 입술의 열매를 드리라고 촉구한다.

② **하나님의 용서와 회복의 약속**(14:4-9)

- 하나님께서 이스라엘의 반역을 고치고 그들을 기쁘게 사랑하신다.

이스라엘을 향한 하나님의 사랑의 표현(호 14:4-8)
- 이슬
- 푸른 잣나무
- 감람나무
- 레바논 백향목
- 곡식
- 포도나무
- 레바논 포도주

호세아의 적용과 실천

우리 마음의 묵은땅(예: 강퍅한 마음과 습관 등)을 기경하기 위한 요소들은 무엇이 있습니까(6:6-8)?

하나님께서는 이스라엘 백성들에게 '입술의 열매를 주께 드리리이다' 라는 고백을 듣기를 원하셨습니다. 진정으로 우리의 삶에서 하나님 앞에 신실한 고백의 시간을 드리고 있습니까(14:2)?

순결함은 성(性)적인 차원에서 머무는 것만을 의미하지 않습니다. 하나님과의 영적인 순결함이 될 때에 우리의 지, 정, 의가 바로 세워지는 것입니다.

호세아(1~14장) 읽기

주일	월	화	수	목	금	토
1:1-2:23	2:1-3:5	4:1-5:15	6:1-7:16	8:1-9:17	10:1-12:14	13:1-14:9

요엘

"그 후에 내가 내 영을 만민에게 부어 주리니 너희 자녀들이 장래 일을 말할 것이며 너희 늙은이는 꿈을 꾸며 너희 젊은이는 이상을 볼 것이며 그 때에 내가 또 내 영을 남종과 여종에게 부어 줄 것이며" (욜 2:28-29)

기록목적 요엘은 고통 중에 있던 유다 백성들의 재난이 죄와 불순종에서 왔음을 밝히고 앞으로 임할 "야훼의 날"을 대비하여 회개하고 구원 받을 것을 촉구하기 위해서 본서를 기록하였다.

저　　자 요엘

특　　징
- 재난의 도래 이후에 진정한 회개의 촉구가 이루어짐으로써 고난의 의미와 회개의 필요성이 서로 연관되어 있다.
- 오순절 성령 강림 사건에 대하여 분명하게 예언하였다(2:28-32).
- 악인에게는 심판의 날이요, 의인에게는 구원의 날인 '야훼의 날'을 요엘이 최초로 선포하였다(1:15; 2:1,11,31; 3:14).

내·용·분·해

대분류	소분류	주요 내용
1. 야훼의 날 (1:1-3:21)	(1) 야훼의 날의 징조인 메뚜기 재앙(1:1-2:11)	① 메뚜기 떼의 습격과 가뭄으로 인한 애곡 ② 야훼의 날의 임박함을 알리는 메뚜기떼
	(2) 회개촉구와 축복의 약속(2:12-32)	① 온 민족의 진정한 회개에 대한 촉구 ② 축복과 풍성한 수확의 약속 ③ 성령 강림과 남은 자의 구원
	(3) 열국에 대한 심판과 유다의 구원(3:1-21)	① 이방에 대한 심문 ② 두로와 시돈과 블레셋의 죄와 심판 ③ 최후의 전쟁과 최후의 심판 ④ 유다의 복

내·용·연·구

1. 야훼의 날(1:1-3:21)

"브두엘의 아들 요엘에게 임한 야훼의 말씀이라" (욜 1:1)

(1) 야훼의 날의 징조인 메뚜기 재앙(1:1-2:11)

① 메뚜기 떼의 습격과 가뭄으로 인한 애곡(1:1-20)

- 요엘은 이스라엘 백성들에게 닥친 메뚜기 재앙으토 이스라엘이 황폐해지자 제사장들에게 성회를 소집하여 야훼께 부르짖으라고 권면한다(1:1-14).

요엘의 시대 배경
유다는 메뚜기 떼의 내습과 가뭄으로 인하여 비참한 상황(1:4,10)

② 야훼의 날의 임박함을 알리는 메뚜기 떼(2:1-11)

- 임박한 야훼의 날에 메뚜기 떼가 이르면 심히 두렵고 당할 자가 없는데 이것은 자연 재해가 아니라 야훼께서 심판하시는 날이다.

메뚜기의 재앙(욜 1:4)
메뚜기의 한 종류인 팥중이, 메뚜기, 느치, 황충으로 연속적인 공격을 나타냄

(2) 회개촉구와 축복의 약속(2:12-32)

① 온 민족의 진정한 회개에 대한 촉구(2:12-17)

- 요엘은 이스라엘 백성들이 하나님께 금식일을 정하고 성회를 소집하며 제사장들은 울며 불쌍히 여겨 주시기를 간구하도록 촉구하고 있다(2:12-17).

② 축복과 풍성한 수확의 약속(2:18-27)

- 이스라엘 백성이 철저하게 회개하자 하나님께서는 풍성한 농산물과 다른 나라들로부터 모욕을 당하지 않게

하시고 북쪽 군대(메뚜기 떼)를 몰아내시겠다는 회복의 약속으로 응답하신다(2:18-20).

③ **성령 강림과 남은 자의 구원**(2:28-32)

요엘에 나오는 야훼의 날
- 1:15
- 2:1
- 2:11
- 2:31
- 3:14

- 이스라엘의 회개에는 하나님의 영이 부어지는데 절망 가운데 처해 있던 이스라엘 백성들이 소망과 꿈의 사람으로 변화된다(2:28-29).
- 야훼의 크고 두려운 날, 즉 야훼의 날이 임하기 전에 누구든지 야훼의 이름을 부르는 자는 구원을 얻게 된다(2:30-32).

(3) 열국에 대한 심판과 유다의 구원(3:1-21)

① **이방에 대한 심판**(3:1-3)

- 하나님께서 사로잡혔던 그의 백성들을 돌아오게 하시고 만국을 여호사밧 골짜기에 모아 심판하신다.

② **두로와 시돈과 블레셋의 죄와 심판**(3:4-8)

- 하나님께서는 이스라엘을 압박했던 두로, 시돈, 블레셋에게 그들이 행한 대로 보복하신다.

③ **최후의 전쟁과 최후의 심판**(3:9-15)

- 하나님께서는 만국들을 불러서 자신의 백성을 공격하도록 하시지만, 이는 하나님의 백성의 적들을 궁극적으로 심판하여 멸망시키시기 위한 것이다(3:9-15).

④ **유다의 복**(3:16-21)

- 유다는 영원히 있고 예루살렘은 대대로 있을 것이나 유다 자손을 괴롭히는 애굽과 에돔은 황무하게 될 것이다. 시온에 거하시는 야훼께서 그들의 피 흘림 당한 것을 갚아 주신다(3:20-21).

요엘의 적용과 실천

하나님과의 첫사랑의 회복을 위해 금식을 해 보았습니까(2:12-13)?

우리에게 성령이 임하면 어떠한 소망과 변화가 생기게 됩니까(2:28-29)?

우리의 삶이 고난과 시련 앞에서도 성령 하나님의 인도하심을 받을 수 있도록 매 순간 성령의 임재하심을 구해야 합니다.

요엘(1~3장) 읽기

주일	월	화	수	목	금	토
1:1-20	2:1-32	3:1-21				

아모스

"오직 정의를 물 같이, 공의를 마르지 않는 강 같이 흐르게 할지어다" (암 5:24)

기록목적 남유다의 목자 출신인 아모스는 부정부패와 우상 숭배에 빠져 있는 북이스라엘을 향해 회개를 선포하면서 하나님 앞으로 돌아올 것과 정의를 행할 것을 촉구하기 위해서 본서를 기록하였다.

저　　자 아모스

특　　징
- 하나님의 속성에 기초한 공의와 정의를 부각시키고 구원받은 하나님의 백성이 선을 행해야하는 책임이 있음을 강조한다.
- 종교적 의식이 하나님께 열납되기 위해서는 도덕적으로 온전한 생활이 필요함을 지적한다.
- 열방신탁으로 시작해서 끝에서도 모든 나라를 통치하시는 하나님(9:7)의 모습을 보여줌으로써 온 세계가 하나님의 법과 정의에 순종해야 함을 제시한다.

내·용·분·해

대분류	소분류	주요 내용
1. 하나님의 심판 (1:1–9:10)	(1) 열방에 대한 심판 (1:1–2:16)	① 표제와 서론 ② 이방에 대한 심판 ③ 남유다에 대한 심판 ④ 북이스라엘에 대한 심판
	(2) 북이스라엘의 죄와 하나님의 심판 (3:1–6:14)	① 이스라엘과 하나님의 특별한 관계 ② 가난한 자에 대한 압박과 사치 ③ 여성들의 탐욕과 잘못된 성전예배 ④ 과거의 경고에도 회개치 않음 ⑤ 이스라엘에 대한 탄식과 호소 ⑥ 이스라엘의 멸망과 포로에 대한 예언 ⑦ 지도자들의 안일과 방탕 그리고 백성들의 불의에 대한 심판
	(3) 북이스라엘의 심판에 관한 다섯 가지 환상과 최종적 심판선포(7:1–9:10)	① 다섯 가지 환상과 심판
2. 하나님의 구원(9:11–15)	(1) 북이스라엘의 회복에 대한 약속(9:11–15)	① 다윗 왕국의 회복 ② 포로귀환

내·용·연·구

1. 하나님의 심판(1:1-9:10)

"유다 왕 웃시야의 시대 곧 이스라엘 왕 요아스의 아들 여로보암의 시대 지진 전 이년에 드고아 목자 중 아모스가 이스라엘에 대하여 이상으로 받은 말씀이라" (암 1:1)

(1) 열방에 대한 심판: 이방 국가에 대한 심판(1:1-2:3)

① 표제와 서론(1:1-2)

- 북이스라엘 왕 요아스의 아들 여로보암 2세의 시대에 드고아의 목자인 아모스가 하나님께로부터 이스라엘에 대한 말씀을 받았다.

② 이방에 대한 심판(1:3-2:3)

명 칭	상징과 의미	그리스도의 속성
다메섹(1:3-5)	길르앗에 대한 압박	궁궐 소각, 요새 파괴, 포로생활
가사(1:6-8)	비인도적인 인신매매	가사성을 불태움, 온 백성의 멸절
두로(1:9-10)	이스라엘과의 동맹관계를 어기고 이스라엘 사람들을 노예로 팔음	두로 성이 불탐
에돔(1:11-12)	형제(이스라엘)에 대한 긍휼을 버리고 노와 분을 품음	도성을 불로 심판
암몬(1:13-15)	영토 확장의 탐욕으로 이스라엘의 아이 밴 여인의 배를 가르는 잔인한 죄를 범함	전쟁과 궁궐 소각, 왕과 방백의 포로
모압(2:1-3)	에돔 왕의 뼈를 불살라 회로 만듦	전쟁에 의한 멸망 재판장과 지도자들의 죽음

③ 남유다에 대한 심판(2:4-5)

- 하나님께서는 남유다가 야훼의 율법을 거듭해서 멸시

하며 율례를 지키지 않고 거짓 것에 미혹됨으로 불을 보내 심판하신다.

④ 북이스라엘의 죄와 심판(2:6-16)

- 북이스라엘의 대표적인 죄 중의 하나는 하나님께서 세우신 나실인에게 포도주를 마시게 하고 선지자는 예언을 하지 못하도록 금한 것이다(2:9-12).
- 하나님께서 보리 곡식 단을 가득히 실은 수레가 흙을 누름같이 이스라엘을 누르시는 심판을 하신다(2:13-16).

북이스라엘의 죄(암 2:6-8)
- 의인과 가난한 자들을 팔았음
- 힘없는 자를 발로 밟음
- 연약한 자의 길을 굽게함
- 아버지와 아들이 한 여인과 관계를 맺음
- 성적으로는 문란함
- 전당 잡은 옷에 누음
- 빚 대신에 받은 술을 제단 앞에 마심

(2) 북이스라엘의 죄와 하나님의 심판(3:1-6:14)

① 북이스라엘과 하나님의 특별한 관계(3:1-8)

- 출애굽을 통해 하나님 앞에서 특별한 지위가 있다고 생각하는 이스라엘에게 아모스는 특권만이 있는 것이 아니라 책임도 있음을 지적하면서 하나님께서 그들의 죄악에 보응하실 것을 예언한다.

아모스의 시대적 배경
여로보암 2세가 다스리던 북이스라엘은 정치, 경제, 군사적으로 가장 번성할 때였다. 하지만 사회정의가 실현되지 못하여 일부 계층이 부를 독점하고, 가난한 자들은 억압을 당하였다. 그리고 종교적, 영적으로도 가장 타락하였다.

② 가난한 자에 대한 압박과 사치 깊은 타락(3:9-15)

- 하나님께서 역설적으로 악하기로 소문난 아스돗과 애굽에게 사마리아 성의 온갖 불의를 찾아보라고 하신다.

③ 여성들의 탐욕과 잘못된 성전예배(4:1-5)

- 힘없는 자를 학대하며 가난한 자를 압제하고 가장에게 술을 가져오게 한 바산의 암소(귀부인)들은 때가 이르면 갈고리와 낚시라는 모욕적인 방식으로 끌려갈 것이다

바산의 암소(암 4:1)
사마리아의 상류층 여인들 혹은 여인들의 사치를 상징

(4:1-3).

- 북이스라엘은 사회적인 불의에는 눈을 감은 채로 벧엘과 길갈에서 제사를 드렸는데, 이것은 죄를 더하는 일이었다(4:4-5).

④ 과거의 경고에도 회개치 않음(4:6-13)

- 하나님의 경고에도 북이스라엘은 돌아오지 않자 하나님께서는 그들에게 하나님 만나기를 준비하라고 경고한다(4:13).

하나님의 심판의 경고 내용
양식이 떨어지게 함(4:6)
비를 멈추게 함(4:7)
해충을 보냄(4:9)
전염병을 보냄(4:10)
전쟁이 일어나게 함(4:11)

⑤ 이스라엘에 대한 탄식과 호소(5:1-24)

- 하나님께서는 그들이 하나님을 찾으면 살 것이며 애가로 지은 말을 들으라 거듭 권고하시고(5:1-3), 아모스는 악을 미워하고 선을 사랑하며 정의를 세우라고 촉구하였다(5:4,6,14-15).
- 하나님께서는 그들에게 정의를 물같이, 공의를 마르지 않는 강같이 흐르게 하기를 원하셨지만(5:24), 그들은 행위의 변화 없이 하나님께서 미워하시는 절기와 기뻐하지 아니하는 성회를 지켰다(5:21-23).

⑥ 이스라엘의 멸망과 포로유배에 대한 예언(5:25-27)

- 하나님의 호소에도 불구하고 계속되는 불의와 헛된 예배와 우상숭배로 하나님께서는 이스라엘 백성을 다메섹 밖으로 사로잡혀 가게 하신다(5:25-27).

⑦ **지도자들의 안일과 방탕 그리고 백성들의 불의에 대한 심판(6:1-14)**

- 백성들의 지도자들은 포학하며 호의호식과 사치에 빠져 요셉(이스라엘 백성)의 환난에 대하여 근심하지 않았다(6:1-6).
- 하나님께서는 정의를 쓸개로, 공의의 열매를 쓴 쑥으로 바꾸고 허무한 것을 기뻐하는 이스라엘을 한 나라를 일으켜 치신다(6:12-14).

(3) 북이스라엘의 심판에 관한 다섯 가지 환상과 최종적 심판 선포(7:1-9:10)

① **다섯 가지 환상과 심판**

환상심판	환상의 종류	환상의 내용	중보 기도	야훼의 뜻
환상 1	메뚜기 환상(7:1–3)	땅의 풀을 다 먹어 버림	있음	심판의 뜻을 돌이키심
환상 2	불 환상(7:4–6)	큰 바다를 삼키고 육지까지 먹으려함		
환상 3	다림줄 환상(7:7–9)	쌓은 담 곁에 주께서 손에 다림줄을 잡고 서셨음	없음	심판
심판	아마샤의 박해와 심판(7:10–17) 벧엘의 제사장 아마샤가 아모스가 왕을 모반한다고 고하며, 아모스에게 유다로 가고 다시는 벧엘에서 예언하지 말라고 했다. 이에 아모스는 야훼께서 이스라엘에게 예언하라고 하셨다며, 아마샤와 그의 자녀들은 죽고, 아내는 창녀가 되며 이스라엘이 사로잡힐 것을 선포했다.			
환상 4	여름 과일 한 광주리 환상(8:1–3)	무르익은 여름 과일	없음	임박한 심판

환상심판	환상의 종류	환상의 내용	중보 기도	야훼의 뜻
심판	이스라엘의 불의와 심판(8:4–14) 하나님은 자신들에게 이익이 되지 않는다는 점에서 하나님의 제정하신 월삭과 안식일을 귀찮게 여기고 가난한 자를 압제하여 폭리를 취하는 자들에게 심판하실 것이다(8:4–10). 또한 날이 이르러 야훼의 말씀을 듣지 못한 기갈을 보내시면 다 갈하여 쓰러질 것이고, 사마리아의 죄된 우상을 두고 맹세하는 사람은 엎드러질 것이다(8:12–14).			
환상 5	부서지는 문지방 환상(9:1–6)	파괴되는 성전	없음	철저한 심판
심판	공의로운 심판(9:7–10) 이스라엘 자손들이 구스 족속 같다 하시며 범죄한 나라를 지면에서 멸하고 모든 죄인을 칼에 죽게 하실 것이다. 그러나 야곱의 집은 온전히 멸하지 않고 만국 중에서 체질하실 것이다.			

2. 하나님의 구원(9:11-15)

(1) 이스라엘의 회복에 대한 약속(9:11-15)

① 다윗 왕국의 회복(9:11-12)

- 아모스는 심판 후에 있을 메시야 날에 대한 큰 소망을 보여준다. 그 날에 다윗의 무너진 장막을 일으키고 옛적과 같이 세우신다.

② 포로귀환(9:13-15)

- 하나님의 백성들은 하나님의 은혜로 포로 되었던 땅에서 돌아와서 낙원 같은 땅에서 행복하게 살게 된다.

아모스의 적용과 실천

가난한 자에 대한 사회의 대우와 더불어 우리의 자세는 어떠합니까(2:6-8)?

아모스는 공의와 정의를 강조하고 있습니다. 당신은 억압받는 자들에 대해 어떤 도움을 주고 있습니까(2:11-14)?

국가나 개인이 강력한 힘을 소유하고 있다는 것은 특권입니다. 그러나 그 특권을 남용한다면 하나님께서는 빼앗아 가십니다. 우리가 가지고 있는 능력과 힘은 하나님의 것입니다.

아모스(1~9) 읽기

주일	월	화	수	목	금	토
1:1-2:16	3:1-4:13	5:1-27	6:1-14	7:1-17	8:1-14	9:1-15

오바댜

"야훼께서 만국을 벌할 날이 가까웠나니 네가 행한 대로 너도 받을 것인즉 네가 행한 것이 네 머리로 돌아갈 것이라"(옵 1:15)

기록목적 오바댜는 유다와 형제 나라인 에돔을 적대 관계로 묘사하면서 종국적으로는 에돔이 멸망할 것을 예언하였다. 오바댜는 형제 국가인 유다에 대한 잔악한 행위를 한 에돔에게는 하나님의 심판이 임하는 반면, 유다에게는 하나님의 은혜로 회복되어 영화롭게 될 것이라는 확신을 주기 위해서 본서를 기록하였다.

저 자 오바댜

특 징
- 구약성경 가운데 가장 짧고 간결한 책(총 21절)이다.
- 하나님께서 하나님의 백성을 위해 그들의 적들과 싸워주시는 "야훼의 날"이 오바댜서에 중요한 개념으로 사용된다(옵 1 15-21).
- 에돔에 대한 하나님의 심판은 전 우주적인 심판으로 확대되어 하나님 나라의 도래에 대한 확신을 준다.

내·용·분·해

대분류	소분류	주요 내용
1. 에돔의 멸망 (1:1–14)	(1) 에돔의 멸망의 도래 (1:1–9)	① 에돔의 교만에 대한 하나님의 심판 ② 에돔의 철저한 멸망
	(2) 에돔의 심판 이유 (1:10–14)	① 형제 야곱에게 행한 포학
2. 유다의 회복 (1:15–21)	(1) 야훼의 날(1:15–21)	① 에돔과 만국에 대한 야훼의 날 ② 유다의 구원과 통치

내·용·연·구

1. 에돔의 멸망(1:1-14)

"오바댜의 묵시라 주 야훼께서 에돔에 대하여 이와 같이 말씀하시니라" (옵 1:1)

(1) 에돔의 멸망의 도래(1:1-9)

① 에돔의 교만에 대한 하나님의 심판(1:1-4)

- 에돔은 바위 틈에 거하며 높은 곳에 살므로 교만했다. 이런 에돔이 크게 멸시를 받으며 하나님께서 에돔을 끌어내어 심판하신다.

② 에돔의 철저한 멸망(1:5-9)

- 은밀하고 난공불락의 성인 에돔은 적으로 변한 동맹국들에게 침략을 당해 완전히 수탈당하게 된다(1:5-7).

오바댜가 활동하던 당시 에돔은 유다를 멸망시킨 바벨론과 동맹을 맺음으로써 하나님의 심판을 받게 되는 결정적 원인을 제공하였다(1:11-14).

(2) 에돔의 심판 이유(1:10-14)

① 형제 야곱에 대한 포학(1:10-14)

- 야곱의 재앙의 날에 에돔은 이방인들과 같이 이를 방관하고 기뻐하였을 뿐만 아니라 적극적으로 살상과 약탈에 가담했었다.

2. 유다의 회복(1:15-21)

(1) 야훼의 날(1:15-21)

① 에돔과 만국에 대한 야훼의 날(1:15-16)

- 야훼께서 만국을 벌할 날 에돔은 만국인과 함께 그들이 행한 대가를 받아 본래 없던 것같이 된다.

② 유다의 구원과 통치(1:17-21)

- 시온 산으로 피하여 구원받은 자들이 에서의 산을 심판하고 이전에 빼앗겼던 나라의 온전한 영토가 야훼께 속하게 될 것이다.

오바댜의 적용과 실천

우리의 교만과 멸시로 다른 하나님의 백성의 마음을 아프게 했을 때 공의의 하나님께서는 어떻게 하십니까(1:3)?

하나님의 능력 앞에서 안전을 담보할 수 없는 세상적인 것을 난공불락의 장소라 여기고 교만하고 무례한 적은 없습니까(1:3-9)?

교만은 모든 죄 가운데 가장 치명적인 것입니다. 왜냐하면 모든 인격에 영향을 미치고 좋은 장점들을 파괴시키기 때문입니다.

오바댜(1장) 읽기

주일	월	화	수	목	금	토
1:1-21						

요나

"하나님이 그들이 행한 것 곧 그 악한 길에서 돌이켜 떠난 것을 보시고 하나님이 뜻을 돌이키사 그들에게 내리리라고 말씀하신 재앙을 내리지 아니하시니라" (욘 3:10)

기록목적 요나서는 하나님의 사랑이 이스라엘에게만 한정될 수 없음을 보여 주고, 이방 민족도 회개하고 하나님께 돌아오면 하나님께서 심판을 취소하시고 용서와 구원으로 다시 회복시켜 주시는 것을 보여 주기 위해서 기록되었다.

저 자 요나

특 징
- 구약성경 가운데 이방인을 향하신 하나님의 긍휼과 용서가 가장 분명하게 기록하고 있다.
- 니느웨가 회개하였을 때 하나님께서 계획하셨던 뜻을 돌이키신 것은 회개의 중요성과 효력을 보여준다.
- 물고기의 배 속에 갇힌 사건(2:1-10)은 예수 그리스도의 부활 사건을 예표한다(마 12:38-40).
- 요나의 도주를 실패케 하는 폭풍(1:12), 그의 생명을 구원하는 수단인 큰 물고기(1:17), 박넝쿨(4:6), 벌레(4:7) 그리고 동풍(4:8) 등은 하나님의 주권을 보여준다.

내·용·분·해

대분류	소분류	주요 내용
1. 다시스로 향한 요나 (1:1–2:10)	(1) 요나의 도망과 징계 (1:1–17)	① 소명받고 도망가려는 요나 ② 요나를 큰 물고기가 삼킴
	(2) 요나의 간구와 응답 (2:1–10)	① 구원을 간구한 요나 ② 요나의 기도의 응답으로 그를 큰 물고기가 토함
2. 니느웨로 돌아간 요나 (3:1–4:11)	(1) 요나의 선포와 회개 (3:1–10)	① 니느웨의 멸망을 선포한 요나 ② 회개한 니느웨를 구원하심
	(2) 요나의 분노와 하나님의 교훈(4:1–11)	① 니느웨를 구원하심에 대해 분노한 요나 ② 박넝쿨을 통해 교훈하심

내·용·연·구

1. 다시스로 향한 요나(1:1-2:10)

(1) 요나의 도망과 징계(1:1-17)

① 소명 받고 도망가려는 요나(1:1-3)

- 야훼께서는 요나에게 니느웨로 가서 니느웨의 악독이 야훼 앞에 상달되었음을 외치라고 하셨다. 그러나 요나는 야훼의 얼굴을 피하여 도망가려고 욥바로 내려가 다시스로 가는 배에 오른다.

〈요나서의 연대표〉

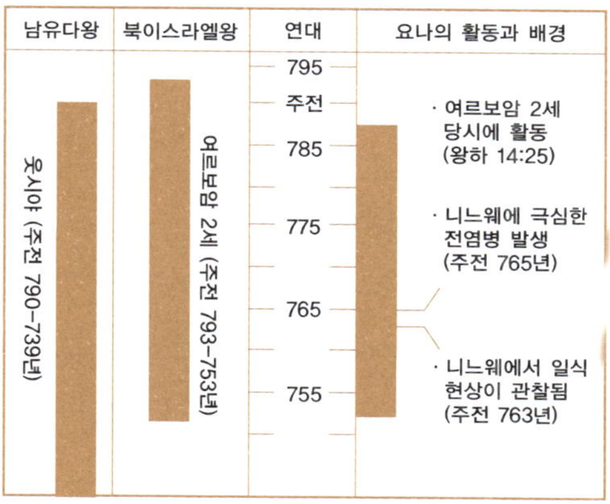

② 요나를 큰 물고기가 삼킴(1:4-17)

- 바다의 큰 폭풍이 일어나는데 이 재앙의 원인이 요나에

"야훼의 말씀이 아밋대의 아들 요나에게 임하니라 이르시되" (욘 1:1)

요나(욘 1:1)
'비둘기' 를 의미

아밋대(욘 1:1)
'진리' 를 의미

게 있음 알고 배에 탄 사람들이 요나를 들어 바다에 던지자 바다가 뛰놀는 것이 그치게 된다(1:4-11).

- 야훼께서는 예비하신 큰 물고기가 요나를 삼키게 하시고, 요나는 3일을 물고기 배 속에 있게 된다(1:15-17).

〈요나의 도망로〉

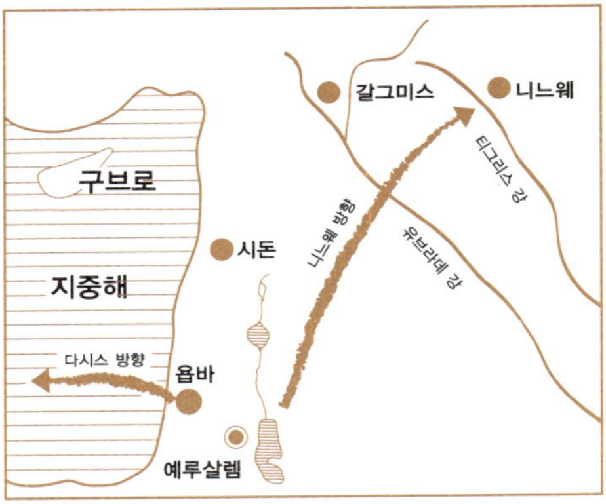

(2) 요나의 간구와 응답(2:1-10)

① 구원을 간구한 요나(2:1-9)

- 요나는 큰 물고기 배 속에서 구해 주실 것을 확신하며 기도하였다. 그는 주께 감사로 제사를 드리며 서원을 갚겠다고 하였다.

② 요나의 기도의 응답으로 그를 큰 물고기가 토함(2:10)

- 하나님께서 큰 물고기에게 말씀하심으로 큰 물고기가 삼킨 지 3일 만에 요나를 육지에 토한다.

요나의 기도의 특징

고난 가운데서 하나님께서 이미 구원해 주신 모습을 바라보고 믿음으로 고백했다.
"내가 산의 뿌리까지 내려갔사오며 …… 내 생명을 구덩이에서 건지셨나이다"(욘 2:6)

2. 니느웨로 돌아간 요나(3:1-4:11)

(1) 요나의 선포와 회개(3:1-10)

① 니느웨의 멸망을 선포한 요나(3:1-4)

- 요나는 니느웨 성읍에 들어가서 하루 동안 다니며 "40일이 지나면 니느웨가 무너지리라" 고 선포한다.

② 회개한 니느웨를 구원하심(3:5-10)

- 요나의 선포를 들은 니느웨의 왕과 대신들은 금식하며 회개하여 멸망을 받지 않도록 하라는 조서를 내린다. 그들이 악한 길에서 돌이켜 떠난 것을 보신 하나님께서는 그들에게 재앙을 내리지 않으신다.

(2) 요나의 분노와 하나님의 교훈(4:1-11)

① 니느웨를 구원하심에 대해 분노한 요나(4:1-3)

- 요나는 야훼께서 니느웨를 구원하신 것을 매우 싫어하고 성낸다.

② 박넝쿨을 통해 교훈하심(4:4-11)

- 하나님께서는 니느웨에서 일어나는 일을 보려고 초막에 머무는 요나에게 박넝쿨을 통하여 니느웨에 대한 하나님의 사랑을 깨닫게 하신다.

요나서를 통해 본 이스라엘과 세계 선교의 사명

하나님께서 이스라엘을 선택하신 목적은 세계 만방이 하나님의 구원을 선포하고, 그들로 인해 세계 만민이 복을 얻게 하기 위함이었다(참조. 창 12:1-3). 그러나 이스라엘은 세상 만민에게 하나님의 복과 구원을 전하는 일을 거절하였다. 이스라엘의 이러한 태도는 이스라엘을 대표하는 요나에게 분명히 드러난다. 세계 선교의 사명을 간수하기는 커녕 자신들만의 구원에 도취되어 있던 이스라엘은 결국 심판을 받아 멸망하기에 이른다. 오늘날 우리도 선교적인 사명을 깨닫고 세상에 빛이 되고 복음의 증인이 되어 주님의 영광을 드러내야 함을 분명히 인식하고 실천해야 한다.

요나의 적용과 실천

나 자신의 죄에 초점을 맞추기 보다는 다른 사람들의 죄에 대해 관심이 있지는 않습니까(4:1)?

우리가 못마땅하게 여기는 것에 대해 하나님의 자비가 나타날 때 우리는 어떠한 반응을 보입니까(4:2-3)?

하나님의 심판은 또 다른 의미로 말하면 하나님의 은혜의 표현이기도 합니다. 심판 가운데에서도 긍휼과 자비를 베푸시는 것은 전적으로 하나님의 선물입니다.

요나(1~4장) 읽기

주일	월	화	수	목	금	토
1:1-17	2:1-10	3:1-10	4:1-11			

미가

"사람아 주께서 선한 것이 무엇임을 네게 보이셨나니 야훼께서 네게 구하시는 것은 오직 정의를 행하며 인자를 사랑하며 겸손하게 네 하나님과 함께 행하는 것이 아니냐" (미 6:8)

기록목적 미가는 예루살렘의 죄악으로 인하여 하나님의 준엄한 심판이 임할 것이라고 경고하며 회개를 촉구하여 죄에서 돌이키게 함으로 비참한 재앙을 피하고, 더불어 장차 메시야 왕국의 도래로 인해 다윗 언약이 성취될 것을 예언함으로써 백성들로 하여금 소망을 갖게 하기 위해 본서를 기록하였다.

저 자 미가

특 징
- 주전 8세기의 선배 예언자들의 중심 메시지인 아모스의 공의, 호세아의 사랑과 이사야의 겸손이 복합된 내용을 담고 있다(미 5:6-8).
- 그 당시의 사회적인 불의와 잘못된 종교적인 행태(거짓 예언)에 대한 신랄한 비판을 담고 있다(참조. 미 3장).
- 예수 그리스도께서 메시야로서 유다 베들레헴에서 탄생할 것을 예언한 내용을 담고 있다(5:2).
- 심판 이후에 구원이 있음을 분명하게 보여준다.

내·용·분·해

대분류	소분류	주요 내용
1. 이스라엘과 유다에 대한 하나님의 심판 (1:1–3:12)	(1) 사마리아와 유다의 죄와 멸망(1:1–3:12)	① 임박한 심판 ② 악한 권력자들에 대한 경고와 회복 약속 ③ 유다 지도자들의 죄와 심판
2. 미래의 구원 (4:1–5:15)	(1) 구원의 메시지 (4:1–5:15)	① 미래의 평화의 나라 ② 하나님이 베푸실 포로귀환의 은혜 ③ 메시야의 탄생과 남은 자의 구원, 최후의 심판
3. 하나님의 경고와 희망 (6:1–7:20)	(1) 하나님의 항변 (6:1–16)	① 올바른 예배의 본질에 대한 질문 ② 예루살렘의 죄악들에 대한 하나님의 항변
	(2) 미가의 탄식과 찬송 (7:1–20)	① 미가의 탄식 ② 미가의 신앙의 승리 ③ 미가의 찬송

내·용·연·구

1. 이스라엘과 유다에 대한 하나님의 심판
(1:1-3:12)

(1) 사마리아와 유다의 죄와 멸망(1:1-3:12)

① 임박한 심판(1:1-16)

- 미가는 사마리아와 예루살렘의 우상 숭배의 죄로 인해 심판을 선언했고, 이스라엘을 위해 벌거벗은 몸으로 행하며 애통한다(1:2-8).
- 미가는 여러 성읍들이 멸망하는 모습을 통해 수치스런 심판을 경고하고 백성들이 포로가 될 것을 예언한다(1:9-16).

〈예언자 미가의 고향인 모레셋(Moresheth)〉

"유다의 왕들 요담과 아하스와 히스기야 시대에 모레셋 사람 미가에게 임한 야훼의 말씀 곧 사마리아와 예루살렘에 관한 묵시라"(미 1:1)

미가(미 1:1)
"누가 야훼와 같은가"라는 뜻의 이름으로 유다의 왕들 요담과 아하스와 히스기야 시대에 모레셋 사람

② 악한 권력자들에 대한 경고와 회복 약속(2:1-13)

- 미가는 손에 힘이 있는 자들이 탐욕을 통해 백성들의 산업을 강탈하므로 하나님께서 그들에게 죄악을 지적하고 멸망을 선포한다(2:6-11).
- 미가는 하나님께서 포로 생활이 끝난 후에 이스라엘의 남은 자는 모을 것이라는 미래의 회복을 예언한다(2:12-13).

③ 유다 지도자들의 죄와 심판(3:1-12)

대상	임무			형벌
통치자들(3:1–4)	정의	백성들을 학대, 착취		부르짖음을 외면하심
선지자(3:5–8)	하나님의 말씀	탐욕으로 인한 거짓 예언		수치 당함, 응답하지 않으심
예루살렘 (3:9–12)	정의의 성읍	우두머리	뇌물	멸망 (갈아엎은 밭, 무더기, 수풀의 높은 곳)
		제사장	삯을 위함	
		선지자	돈을 위함	

2. 미래의 구원(4:1-5:15)

(1) 구원의 메시지(4:1-5:15)

① 미래의 평화의 나라(4:1-5)

- 끝날에 많은 이방 사람들이 하나님의 율법을 사모하여 야훼의 성전이 있는 시온으로 몰려간다. 하나님께서 많

은 민족과 이방사람들을 심판하시며 전쟁이 없는 평화를 누리게 된다(4:1-5).

② **하나님이 베푸실 포로귀환의 은혜**(4:6-13)

- 하나님께서는 열방 가운데 끌려갔던 자신의 백성을 시온으로 다 모으셔서 다스리시고, 딸 시온이 이방 여러 백성들과의 싸움에서 승리하도록 하신다(4:6-13).

③ **메시야의 탄생과 남은 자의 구원, 최후의 심판**(5:1-15)

- 베들레헴 에브라다에서 이스라엘을 다스릴 자가 나올 것과 그가 돌아온 남은 자를 돌보고 창대하여 땅 끝까지 미치므로 평강이 있을 것(5:1-9)과 하나님의 평화에 순종하지 아니한 나라에게는 진노와 분노가 있을 것(5:15)이 예언된다.

평화의 날에는 모든 무기와 우상숭배와 관련된 것들이 폐기될 것임(5:10-14)

3. 하나님의 경고와 희망(6:1-7:20)

(1) 하나님의 항변(6:1-16)

① **올바른 예배의 본질에 대한 질문경고의 메시지**(6:1-8)

- 이스라엘은 야훼 앞에 나아가기 위해 좋고, 많은, 귀한 제물을 드려 죄를 속하려고 하지만, 하나님께서 원하시는 것은 정의를 행하며 인자를 사랑하고 겸손하게 하나님과 함께 행하는 것이라고 하신다(6:6-8).

예루살렘의 죄악
(미 6:10-12,16)
- 불공정한 거래
- 강포와 거짓
- 우상 숭배

② 예루살렘의 죄악들에 대한 하나님의 항변(6:9-16)

- 하나님께서는 이스라엘의 죄악으로 인해 수고롭게 일하여도 헛된 결과를 거둘 것임을 통고하신다(6:13-15).

(2) 미가의 탄식과 찬송(7:1-20)

① 미가의 애통(7:1-6)

- 미가는 경건한 자와 정직한 자가 없고 지도자, 재판관, 권세자의 거짓과 부패로 형벌이 임하고, 친구 간, 가족 간 불신이 횡횡하는 사회가 될 것이라고 애통한다(7:1-6).

② 미가의 신앙의 승리(7:7-17)

- 미가는 이스라엘이 범죄하여 심판을 받지만, 구원과 빛 되신 하나님의 공의를 보게 될 것이라고 희망했다(7:7-9).
- 무너진 예루살렘의 성벽이 건축되는 날에는 이스라엘의 지경이 넓혀지고 이방 사람들이 이스라엘로 돌아올 것이나 이방 주민의 땅은 그들의 행위로 황폐해진다(7:10-13).

③ 미가의 찬송(7:18-20)

- 미가는 여러 나라들이 하나님의 이적을 보고 야훼께로 돌아와 두려워하게 될 것과 이스라엘의 죄악과 허물을 사유하시며 조상들에게 맹세하신 인애를 더하실 하나님을 찬송한다.

미가의 적용과 실천

우리의 그릇된 거짓 예배의 습관이 기도의 응답을 이루지 못하도록 하고 있는 것은 아닙니까(1:7; 5:13-14)?

야훼 하나님께서 우리에게 요구하시는 것은 아주 단순합니다. 그 요구하시는 사항들이 무엇이며 잘 실천하고 있습니까(6:6-8)?

하나님의 백성에게 있어 모든 역사는 항상 복을 주시는 것으로 끝이 납니다. 이런 하나님의 은혜와 사랑을 목소리 높여 찬양해야 합니다.

미가(1~7장) 읽기

주일	월	화	수	목	금	토
1:1-16	2:1-13	3:1-12	4:1-13	5:1-15	6:1-16	7:1-20

나훔

"볼지어다 아름다운 소식을 알리고 화평을 전하는 자의 발이 산 위에 있도다 유다야 네 절기를 지키고
네 서원을 갚을지어다 악인이 진멸되었으니 그가 다시는 네 가운데로 통행하지 아니하리로다 하시니라" (나 1:15)

기록목적 나훔은 앗수르의 수도 니느웨에 임할 하나님의 심판을 선포함으로 그들로 인해 고통과 억압을 당하던 유다에게 위로와 소망을 주기 위해서 본서를 기록하였다.

저　　자 나훔

특　　징
- 가장 시적인 예언서이다. 나훔 1장 2-9절은 히브리어 알파벳 순서로 시가 진행되며 창조주 야훼의 현현과 그 위엄을 노래한다.
- 하나님께서는 모든 불의에 대해 보복하시며 자신의 세계 통치권을 누구에게도 빼앗기지 않는 '복수하시는 하나님' 으로 나타난다.
- 하나님의 공의를 강조한 예언으로 강대국의 위협에 직면해 있는 남 유다에게 하나님 앞에 살 수 있는 길은 야훼를 의뢰하는 길뿐임을 증거하고 유다의 회복을 예언한다.

내·용·분·해

대분류	소분류	주요 내용
1. 니느웨에 대한 하나님의 심판(1:1-3:19)	(1) 니느웨에 보복하시는 하나님(1:1-15)	① 하나님의 보복과 자신의 백성에 대한 선하심 ② 다가오는 유다의 회복
	(2) 니느웨의 파괴 예언(2:1-13)	① 공격받는 니느웨 ② 폐허가 된 니느웨
	(3) 니느웨의 비참한 멸망(3:1-19)	① 니느웨의 멸망의 이유와 조롱

내·용·연·구

1. 니느웨에 대한 하나님의 심판(1:1-3:19)

(1) 니느웨에 보복하시는 하나님(1:1-15)

① 하나님의 보복과 자신의 백성에 대한 선하심(1:1-11)

- 나훔을 통해 니느웨에 대한 경고를 하신 야훼는 자신을 거스르는 자에게 보복하시며 진노하시는 하나님이시지만(1:1-6, 8), 반면에 자신의 백성에게 선하시며 환난 날에 자기에게 피하는 자들을 아신다(1:7).

② 다가오는 유다의 회복(1:12-15)

- 니느웨가 더 이상 유다를 괴롭히지 못하게 되며, 그들의 통치(멍에)가 사라지고, 따라서 유다에 아름다운 소식과 화평이 전해지게 된다.

(2) 니느웨의 파괴 예언(2:1-13)

① 공격받는 니느웨(2:1-9)

- 이스라엘을 약탈했던 니느웨는 파괴할 용사들과 무사들이 공격할 때 방어에 안간힘을 쓰지만(2:1-5), 결국 성의 수문이 열리고 왕궁이 소멸되고 왕후는 수치를 당할 것이다(2:6-9).

"니느웨에 대한 경고 곧 엘고스 사람 나훔의 묵시의 글이라" (나 1:1)

나훔(나 1:1)
'충만한 위로' 의 뜻으로 예레미야, 하박국, 스바냐와 같은 시대 예언자

니느웨(Nineveh)
니느웨는 티그리스 강에서 동쪽으로 약 0.8㎞ 떨어진 곳에 위치한 고대 앗수르 제국의 수도

② **폐허가 된 니느웨**(2:10-13)

- 하나님께서 니느웨의 대적이 되셔서 공격하시므로 니느웨는 공허하고 황폐하게 되고, 그 주민은 낙담하여 낯이 빛을 잃게 된다.

(3) 니느웨의 비참한 멸망(3:1-19)

① **니느웨의 멸망의 이유와 조롱**(3:1-19)

- 피의 성 니느웨에는 거짓과 포악과 탈취가 떠나지 않았고, 니느웨의 외교적 책략은 마술에 가까울 정도로 능숙하여 여러 나라와 족속을 미혹하게 하고 음행하게 하였다(3:1,4).
- 야훼께서 니느웨를 병거와 기병으로 인해 죽임을 당한 자의 시체에 걸려 넘어지게 하고 능욕과 구경거리가 되게 하신다(3:2-3, 5-7).
- 많은 원군과 방어 체계를 갖고 있던 노아몬을 정복했던 니느웨도 점령을 당한다(3:8-11).
- 예언자 나훔은 니느웨 성읍이 어떠한 방비를 하더라도 하나님의 심판에서 빠져나올 수 없다는 것이며, 니느웨에게 행패를 당한 자들은 이 소식을 듣고 손뼉을 치며 조롱한다고 선언한다(3:18-19).

노아몬(나 3:8)
주전 633년경 앗수르에 의해 멸망당한 '테베'(아몬의 성읍)를 말함

나훔의 적용과 실천

하나님께서는 하나님의 뜻을 거스리는 자에게 진노하십니다. 우리 자신의 삶을 성찰해 볼 때 하나님께서 진노하실 요소는 없습니까(1:2-3)?

하나님은 항상 선하시며 우리의 대적들을 정복하여 주신다는 약속의 말씀을 의지하고 있습니까(3:11-19)?

긍휼의 하나님은 죄악 가운데 있는 그분의 자녀들을 향해 오래 참으십니다. 그러나 공의로우신 분이기 때문에 죄를 용납하지 않으시고 악인들을 향하여 보응하시고 의인에게는 복을 주십니다.

나훔(1~3장) 읽기

주일	월	화	수	목	금	토
1:1-15	2:1-13	3:1-19				

하박국

"보라 그의 마음은 교만하여 그 속에서 정직하지 못하나 의인은 그의 믿음으로 말미암아 살리라" (합 2:4)

기록목적 암울한 시기에 활동한 예언자 하박국은 '하나님의 정의' 라는 문제를 제기한다. 즉, 악인의 흥왕과 악한 세력 바벨론의 세력 확장 가운데 왜 하나님은 침묵하시는가 하는 것이 의문이었다. 하박국은 자신의 항의 섞인 질문에 대해 의인은 자기의 의가 아닌 믿음으로 산다는 것과 구원의 하나님으로 인해 기뻐해야 한다는 하나님의 응답을 유다의 남은 경건한 사람들에게 가르치기 위해 본서를 기록하였다.

저 자 하박국

특 징
- 하나님께서는 정의와 공의로 세계를 통치하시며, 의인은 복을 받고 악인은 화를 얻는다는 신념이 깨어진 상황에서 하나님을 향한 하박국의 탄식과 질문이 많이 나타난다.
- 인간의 감각과 생각을 넘어서는 "의인은 그의 믿음으로 말미암아 살리라" (2:4)는 신앙의 고백은 기독교 구원론의 근간을 이룬다.
- 열방에 대한 보편적이고 종말론적인 심판을 담고 있는 하박국의 노래(3장)는 하나님께서 세계를 통치하신다는 깊은 신앙 고백을 담고 있다.

내·용·분·해

대분류	소분류	주요 내용
1. 신앙의 갈등 (1:1–17)	(1) 불의의 승리로 인한 하박국의 질문(1:1–17)	① 하박국의 첫 번째 질문 ② 하나님의 첫 번째 답변 ③ 하박국의 두 번째 질문
2. 신앙의 승리 (2:1–3:19)	(1) 하나님의 응답과 신뢰 회복(2:1–20)	① 하박국의 기다림과 하나님의 두 번째 답변 ② 바벨론에 대한 심판과 조롱의 노래
	(2) 하박국의 기도와 찬양(3:1–19)	① 야훼의 현현 ② 하박국의 찬양

내·용·연·구

1. 신앙의 갈등(1:1-17)

(1) 불의의 승리로 인한 하박국의 질문(1:1-17)

① 하박국의 첫 번째 질문(1:1-4)

• 하박국은 율법 준행이 해이해지고, 겁탈과 강포가 횡행하며, 정의가 무시당하는 유다의 죄악에 대해 주께 부르짖어도 왜 응답하지 않으시고 의인을 구원하지 않으시는지 질문하였다.

② 하나님의 첫 번째 답변(1:5-11)

• 하나님께서는 죄악으로 물든 유다를 심판하시기 위해 사납고 성급한 갈대아 사람, 바벨론을 일으켰다고 대답하셨다(1:6).

③ 하박국의 두 번째 질문(1:12-17)

• 하박국은 거룩하신 하나님께서 유다의 불순종을 유다보다 더 악한 이방(바벨론)을 도구로 사용하여 징계하신다면, 과연 이를 공의라 말할 수 있겠는가라고 문제를 제기한다(1:13).

"비록 무화가나무가 무성하지 못하며 포도나무에 열매가 없으며 감람나무에 소출이 없으며 밭에 먹을 것이 없으며 우리에 양이 없으며 외양간에 소가 없을지라도 나는 야훼로 말미암아 즐거워하며 나의 구원의 하나님으로 말미암아 기뻐하리로다" (합 3:17-18)

하박국 시대의 유다상황
율법 준수와 예배 정화에 힘썼던 요시야 왕이 죽고 여호야김이 왕위에 올라 정반대의 길을 걷기 시작하던 시기

갈대아 사람(합 1:6)
티그리스와 유브라데강 하류 페르시아 만 인근에 사는 주민. 후에 바벨론 백성을 뜻하는 말이 된다.

2. 신앙의 승리(2:1-3:19)

하나님의 침묵은 불의에 대한 용납이 아니라, 징계의 때가 차기를 기다리신다는 의미이다.

묵시(합 2:2)
원래는 '환상, 이상' 이란 뜻으로, 장차 이뤄질 사건들을 하나님이 친히 보여주시는 행위이다. 즉 계시를 의미한다. 여기서는 바벨론 제국의 멸망에 관한 하나님의 계시이다.

(1) 하나님의 응답과 신뢰회복(2:1-20)

① 하박국의 기다림과 하나님의 두 번째 답변(2:1-4)

- 지금까지는 야훼와 하박국과의 음성을 통한 대화였다면, 이제 야훼께서는 말씀을 기다리는 하박국에게 이 묵시를 책에 기록하여 읽을 수 있도록 하라고 명령하신다(2:2).
- 하나님은 악인은 교만하며 정직하지 못한 혼란기에도, "의인은 그의 믿음으로 말미암아 살리라"(2:4)고 말씀하셨다. 즉 의인은 하나님이 역사하고 계신다는 믿음 속에서 굳세게 살아가는 사람이다.

② 바벨론에 대한 심판과 조롱의 노래(2:5-20)

- 하박국은 바벨론에게 억눌리는 민족들, 특히 유다가 조롱하는 말로 바벨론의 여러 범죄행위를 책망한다. 여기에서 책망을 받는 행위들은 "화 있을진저"라는 형식의 말씀으로 다섯가지가 언급된다.

〈갈대아 사람에 대한 다섯 가지 심판과 조롱의 노래〉

단위	말씀	이유	심판
1	2:5-8	탐욕으로 여러 나라를 노략함	노략을 당함
2	2:9-11	전쟁이나 조공으로 부당한 이익을 취함	죄로 인해 욕을 보게 됨
3	2:12-14	강제노역으로 성읍과 성을 건축함	성읍이 불탐
4	2:15-17	강포한 행위	더러운 욕과 강포를 당함
5	2:18-20	우상 숭배	심판 때에 우상이 도움이 안 되고, 야훼께서 하나님이심이 증명됨

(2) 하박국의 기도와 찬양(3:1-19)

① 야훼의 현현

- 하박국은 하나님께서 수년 내에 부흥을 나타내시길, 진노 중에라도 긍휼을 잊지 않으시기를 간구한다(3:1-2).
- 하나님께서는 악인을 진노로 심판하시고, 주의 백성과 기름 부은 자를 구원하실 것임을 찬양한다(3:3-15).

② 하박국의 찬양(3:16-19)

- 하박국은 묵시의 말씀으로 인하여 두려워 떤다(3:16). 그가 기다리는 바벨론의 심판은 하나님께서 바벨론을 통해 이스라엘을 심판하신 이후에 이루어질 것이기 때문이다.
- 하박국은 하나님의 공의와 이스라엘의 궁극적인 구원을 확신하고, 구원의 하나님을 기뻐하고 찬양한다(3:17-19).

하박국의 적용과 실천

악인의 마음은 교만하고 정직하지 못하지만 '의인은 그의 믿음으로 말미암아 살리라' 고 말씀하셨습니다. 이 말씀대로 의인처럼 하나님의 선하심을 믿으며 모든 일에 있어서 잠잠히 하나님의 역사하심을 바라보고 있습니까(2:4, 20)?

비록 아무 것도 남아있게 되지 않는다 할지라도, 여러분은 야훼 하나님 한 분만으로 즐거워하며 구원의 하나님으로 말미암아 기뻐할 수 있는 신앙인입니까(3:17-18)?

하박국은 경고에서 축복으로, 방황에서 경배로, 불안에서 안식으로, 불행에서 위안으로 옮겨갔음을 우리는 기억해야합니다.

하박국(1~3장) 읽기

주일	월	화	수	목	금	토
1:1-17	2:1-20	3:1-19				

스바냐

"너의 하나님 야훼가 너의 가운데에 계시니 그는 구원을 베푸실 전능자이시라 그가 너로 말미암아 기쁨을 이기지 못하시며 너를 잠잠히 사랑하시며 너로 말미암아 즐거이 부르며 기뻐하시리라 하리라"(습 3:17)

기록목적 스바냐는 여러 가지 죄악으로 인해 하나님의 심판의 때인 '야훼의 날'이 우주적으로 임할 것을 경고함으로써 회개를 촉구하고, 하나님께서 그날에 회개한 자는 이방인과 유대인의 구별 없이 구원하실 것을 보여주기 위해 본서를 기록하였다.

저 자 스바냐

특 징
- 하나님은 의로우신 하나님으로 우상숭배와 종교적, 도덕적 타락을 참지 아니하시고 심판하시는 분이심을 분명히 보여준다.
- '야훼의 날'은 선민인 이스라엘 백성과 이방인 모두에게 두렵고 어두운 종말론적인 심판의 때이고, 다만 개인적인 신앙에 의해 악인은 심판을 받고 의인은 구원을 받는 날이다.

내·용·분·해

대분류	소분류	주요 내용
1. 야훼의 날에 임할 심판 (1:1–3:8)	(1) 남유다에 임할 심판 (1:1–2:3)	① 유다의 심판 ② 야훼의 날에 임할 하나님의 진노 ③ 회개의 권고
	(2) 이방 나라들에 임할 심판(2:4–15)	① 이방 나라들에 대한 심판
	(3) 예루살렘에 임할 심판과 그 원인(3:1–8)	① 예루살렘의 죄와 심판
2. 야훼의 날에 임할 구원 (3:9–20)	(1) 미래에 임할 하나님의 나라(3:9–20)	① 우주적으로 임하는 하나님의 나라 ② 이스라엘의 남은 자의 구원 ③ 열방 중에서 칭송받게 되는 이스라엘

내·용·연·구

1. 야훼의 날에 임할 심판(1:1-3:8)

(1) 남유다에 임할 심판(1:1-2:3)

① 유다의 심판(1:1-13)

- 스바냐는 불순종하는 유다 백성을 포함하여 민족들이 하나님께 심판을 받을 '야훼의 날'이 온다고 선포한다(1:7).
- 야훼의 날에 하나님께서는 현실 속에서의 하나님의 능력을 무시하면서(1:12) 악을 행하였던 방백들과 왕자들, 이방의 풍습을 따르고 포악과 거짓으로 사람들을 억압한 사람들을 벌하신다(1:7-13).

② 야훼의 날에 임할 하나님의 진노(1:14-2:3)

- 스바냐는 야훼의 큰 날이 분노의 날이요, 환난과 고통의 날이라고 선포한다(1:14-18).

③ 회개의 권고(2:1-3)

- 스바냐는 백성들이 야훼의 분노의 날이 이르기 전에 회개하고 의인들은 이날을 대비하여 진심으로 야훼를 찾으라고 권면한다.

"아몬의 아들 유다 왕 요시야의 시대에 스바냐에게 임한 야훼의 말씀이라"(습 1:1)

스바냐의 활동 시기

경건한 왕 요시야의 통치 초기는 국제적으로 앗수르의 국력이 쇠퇴하는 시기였지만 유다 내에서는 므낫세 때부터 심해진 우상 숭배 등의 종교적 죄악과 지도자들의 압제와 부정 등의 도덕적 죄악이 여전히 만연해 있던 시기였다.

유다의 심판 대상(습 1:4-6)

- 우상을 숭배한 남유다의 주민
- 우상을 숭배한 남유다의 제사장들
- 야훼를 배반하고 따르지 아니한 자
- 야훼를 찾지도 구하지도 아니한 자

(2) 이방 나라들에 임할 심판(2:4-15)

① 이방 나라들에 대한 심판(2:4-15)

- 유다 주변국과 예루살렘에 대한 전면적인 심판을 예언한다.

	대상국	성경	심판 이유	심판결과
동	모압 · 암몬	2:8–11	스스로 교만하여 하나님의 백성을 훼방하고 악담하며 침략함	
서	블레셋	2:4–7	오랫동안 하나님의 백성을 괴롭힘	5대 도시(가사, 아스글론, 아스돗, 에그론, 가드)가 앗수르와 애굽에게 멸망됨
남	구스	2:12	하나님의 선택된 백성을 괴롭힘	모든 나라가 하나님의 주권 아래 있고 심판을 면치 못함
북	앗수르 니느웨	2:13–15	교만 침략과 공물 요구 하나님의 백성에게 이방신을 강요함	주전 612년 메대와 바벨론 연합군에게 멸망 당함

(3) 예루살렘에 임할 심판과 그 원인(3:1-8)

① 예루살렘의 죄와 심판(3:1-8)

- 스바냐는 패역하고 포학한 예루살렘의 죄를 낱낱이 열거하며 지적한다.
- 하나님은 다른 민족들을 심판하심을 보고서도 하나님의 백성은 죄를 깨닫지를 못하고, 범죄를 더해간다. 따라서 하나님께서는 여러 나라를 모아 그들을 벌하기로 뜻을 정하신다(3:6-8).

스바냐가 예언했던 나라들
- 유다(1:2-8)
- 블레셋(2:4-7)
- 모압(2:8-11)
- 암몬(2:8-11)
- 구스(2:12)
- 앗수르(2:13-15)
- 예루살렘(3:1-8)

2. 야훼의 날에 임할 구원(3:9-20)

(1) 미래에 임할 하나님의 나라(3:9-20)

① 우주적으로 임하는 하나님의 나라(3:9-10)

- 하나님께서는 심판의 도구로 삼으신 다른 민족들이게 내적인 변화를 일으켜, 시온 산에서 야훼께 경배를 드리게 하신다(3:9-10).

② 이스라엘의 남은 자의 구원(3:11-13)

- 하나님께서는 예루살렘과 유다에도 근본적인 변화가 일어나게 하시는데, 이전에 심판의 원인이었던 교만하여 자랑하는 자들은 없어진다.

③ 열방 중에서 칭송받게 되는 이스라엘(3:14-20)

- 스바냐는 야훼께서 이스라엘의 남은 자들의 형벌을 제거하셨고 그들의 원수를 쫓아내셨으며 그들 가운데 계시므로 마음껏 기뻐하라고 촉구한다(3:14-17).

곤고하고 가난한 자들을 구원하시겠다는 약속의 말씀과 이들이 마지막 때의 하나님의 백성의 초석이 된다는 약속의 말씀은 신약 성경의 선포의 중심 내용과 일치한다(마 5:3-6; 눅 1:51-53; 롬 15:26).

스바냐의 적용과 실천

하나님과의 관계를 견고히 하기 위해 침묵하는 가운데 있어 보았습니까(1:7)?

아훼 하나님께서 우리 가운데 계시고 나로 말미암아 기쁨을 이기지 못하시며 사랑하고 계심을 찬양하고 있습니까(3:17)?

새로운 창조의 날에 하나님께서는 사랑으로 새롭게 하신 그분의 자녀로 인해 기뻐하십니다. 감사하고 기뻐할 것은 바로 하나님의 마음에 우리가 기쁨을 드릴 수 있다는 것입니다.

스바냐(1~3장) 읽기

주일	월	화	수	목	금	토
1:1-18	2:1-15	3:1-20				

학개

"이 성전의 나중 영광이 이전 영광보다 크리라 만군의 야훼의 말이니라 내가 이 곳에 평강을 주리라 만군의 야훼의 말이니라"(학 2:9)

기록목적 성전 건축이 중단된 지 약 16년이 흐른 주전 520년에 예언자 학개는 유다 총독 스룹바벨과 종교 지도자인 대제사장 여호수아와 백성들에게 성전 건축을 재개하도록 촉구하고, 하나님의 은혜 가운데 우선 순위를 바르게 깨닫고 헌신하는 마음으로 성전건축을 하도록 격려하기 위해 본서를 기록하였다.

저 자 학개

특 징
- 학개가 전한 말씀에는 날짜가 정확하게 적혀 있는데, 이를 통해 바사 왕 다리오 2년(주전 520년)에 선포된 것임을 알 수 있다.
- 38개의 절로 구성된 말씀 가운데 '야훼의 말씀이 선지자 학개에게 임했다' 는 구절이 5번(1:1,3; 2:1, 10, 20) 나오고 '만군의 야훼가 말하여 이르노라' 는 4번(1:2,5,7; 2:11), '나 만군의 야훼가 말하노라' 는 5번(1:9; 2:6-7,9,23), '야훼가 말하노라' 는 구절은 4번(1:13; 2:4,14,17) 나타나는데, 이는 학개의 예언이 야훼께로부터 온 것인지와 바벨론에서 돌아온 유대인에게 전달된 성전 건축의 메시지가 얼마나 중요한 것인지를 강조한다.

내·용·분·해

대분류	소분류	주요 내용
1. 성전 재건 (1:1–2:23)	(1) 성전 재건 촉구 (1:1–15)	① 성전 건축 재개에 대한 독려 ② 백성들의 호응
	(2) 재건될 성전의 영광 된 미래(2:1–9)	① 예언자의 격려 ② 미래의 영광에 대한 약속
	(3) 성전 건축에서 부정한 요소를 제거해야 함(2:10–19)	① 부정한 것의 제거와 그에 따른 축복
	(4) 스룹바벨에 대한 특별한 예언(2:20–23)	① 하나님의 인장 스룹바벨

내·용·연·구

1. 성전 재건(1:1-2:23)

(1) 성전 재건 촉구(1:1-15)

① 성전 건축 재개에 대한 독려(1:1-11)

- 첫 귀환자 무리는 주전 536년에 고국에 도착한 뒤 곧 성전 재건의 기초를 놓았다. 그런데 이 공사는 사마리아 사람들(참조. 스 1-6장)과 백성들의 생계와 관련한 핑계들(1:2-6)로 인해 중단된다. 약 16년이 지난 후에 학개가 등장한다(1:1).
- 학개가 선포한 하나님의 말씀은 성전을 짓지 않았기 때문에 어려운 상황이 닥쳤다는 것이다. 하나님께서는 그들에게 성전을 건축하여 하나님을 기쁘시게 하고 영광을 돌리도록 촉구하신다(1:8).

② 백성들의 호응(1:12-15)

- 야훼의 사자 학개의 말을 들은 스룹바벨과 여호수아와 남은 모든 백성들의 마음을 하나님께서 감동시키셨으므로, 그들이 다리오 왕 2년(주전 520년) 6월 24일에 하나님의 전의 공사를 재개하였다.

"다리오 왕 제 이년 여섯째 달 곧 그달 초하루에 야훼의 말씀이 선지자 학개로 말미암아 스알디엘의 아들 유다 총독 스룹바벨과 여호사닥의 아들 대제사장 여호수아에게 임하니라 이르시되" (학 1:1)

학개(학 1:1)
포로기 이후 가장 먼저 활동한 예언자

스룹바벨(학 1:1)
바사가 임명한 유다 총독으로 메시야적 소망을 주는 다윗의 후손

(2) 재건될 성전의 영광된 미래(2:1-9)

① 예언자의 격려(2:1-5)

- 학개는 건축할 성전의 이전 영광을 본 자들의 눈에는 보잘 것 없으나 하나님께서 언약과 하나님의 영으로 계속하여 그들 가운데 계심으로 두려워하지 말라고 격려하였다(참조. 대상 28:20).

② 미래의 영광에 대한 약속(2:6-9)

- 학개는 하나님께서 성전 건축과 더불어 모든 상황이 변화되고 물질적인 부요함이 임하여서 재건되고 있는 성전의 나중 영광이 이전 솔로몬 성전의 영광보다 클 것이고 평강을 주실 것이라고 예언한다.

학개의 질문의 의미
유다 사람들이 같이 일하는 사마리아 사람들을 거룩하게 만들 수 없지만, 사마리아 사람들은 우상과 계속 접촉함으로써 마치 시체를 만진 사람들처럼 유다 사람들을 부정하게 만들 수 있다. 그러므로 사마리아 사람들을 성전 건축 작업에서 제외시켜야 했다.

(3) 성전 건축에서 부정한 요소를 제거해야 함(2:10-19)

① 부정한 것의 제거와 그에 따른 축복(2:10-19)

- 성전 건축이 재개된 지 약 3개월 이후에 하나님의 명령에 따라 학개는 제사장들에게 성물과 부정한 것이 침투력과 전염성이 있는가와 관련된 율법 문제에 대해 성물에는 부정한 것의 경우처럼 침투력과 전염성이 없다는 답을 얻는다(2:10-14).
- 학개는 이스라엘 백성들이 성전 건축을 시작하기 전에는 참혹한 상황에 있었으나, 그 이후부터 하나님께서 축복해 주실 것이라 했다(2:15-19).

(4) 스룹바벨에 대한 특별한 예언(2:20-23)

① 하나님의 인장 스룹바벨(2:20-23)

- 여러 나라의 세력을 멸하시는 날에 야훼께서 유다 총독 스룹바벨을 세우고 인장으로 삼을 것을 학개는 예언하였다.

인장의 의미
인장이 무엇을 보증하는데 쓰이는 물건이듯이, 스룹바벨은 하나님께서 예언자 학개를 통해 하신 약속의 말씀들이 반드시 이루어진다는 것에 대한 표증이 됨(참조. 렘 22:24)

학개의 적용과 실천

하나님께서는 이스라엘 백성이 자신들의 집에만 사치스럽게 투자하는 것을 질책하셨습니다. 우리의 삶에 하나님께 드려야만 하는 것을 도리어 자신만을 위해 투자한 것은 없습니까(1:2-11)?

하나님 앞에 드려지는 헌신이 정결과 거룩함이 배제된 단순한 형식적인 행위에 머물고 있지 않으십니까(2:11-14)?

하나님께서는 거룩한 목적을 이루시기 위해 고난과 절망, 그리고 때로는 이방의 권력을 사용하여 열방의 빛이 되게 하십니다.

학개(1~2장) 읽기

주일	월	화	수	목	금	토
1:1-15	2:1-23					

스가랴

"만군의 야훼의 집 곧 성전을 건축하려고 그 지대를 쌓던 날에 있었던 선지자들의 입의 말을 이날에 듣는 너희는 손을 견고히 할지어다" (슥 8:9)

기록목적 많은 환상을 포함하고 있는 스가랴의 예언은 도덕적인 개혁과 메시아의 기대라는 이상적인 미래에 더 많은 관심을 보인다. 스가랴는 이스라엘 백성이 이러한 이상적인 미래의 영광을 바라보고 중단된 성전 건축을 재개토록 하기 위해 본서를 기록하였다.

저　자 스가랴

특　징
- 말세에 있을 사건들을 다루고 있으며 묵시문학에서 자주 등장하는 환상들(8개)과 높은 수준의 상징적 언어들 그리고 천사에 대한 언급(20회)이 나타난다.
- 스가랴가 보여주는 하나님은 영원하시고, 온 세계에 뛰어나시며, 의로우시고 전능하신 분이신데, 그 하나님께서는 자신의 택한 백성을 끝까지 사랑하시는 분이시다.
- 메시야 예언을 통해 메시야 왕국의 승리와 영광을 미리 선포함으로써 이스라엘 백성들에게 소망을 주며(9-14장) 신약에서 많이 인용된다(마 21:4-5,44; 26:15,31; 27:9; 막 14:27; 요 12:15; 19:37)

내·용·분·해

대분류	소분류	주요 내용
1. 성전 재건 전의 메시지 (1:1–6)	(1) 회개와 순종의 촉구 (1:1–6)	① 회개의 권고
2. 성전 재건 중의 메시지 (1:7–8:23)	(1) 스가랴의 환상들 (1:7–6:15)	① 스가랴의 8가지 환상들
	(2) 금식에 관한 질문과 스가랴의 대답 (7:1–8:23)	① 금식에 관한 대표자들의 질문 ② 백성들의 위선과 참된 순종의 촉구 ③ 미래의 예루살렘의 구원
3. 성전 재건 후의 메시지 (9:1–14:21)	(1) 미래에 대한 경고 (9:1–14:21)	① 도래할 왕과 이스라엘과 유다의 구원 ② 예루살렘을 위한 전쟁과 열방의 순례

내·용·연·구

1. 성전 재건 전의 메시지(1:1-6)

“다리오 왕 제이년 여덟째 달에 야훼의 말씀이 잇도의 손자 베레갸의 아들 선지자 스가랴에게 임하니라”(슥 1:1)

(1) 회개와 순종의 촉구(1:1-6)

① 회개의 권고(1:1-6)

- 다리오 왕 제2년 8월(주전 520년 10월 중순부터 11월 중순)에 스가랴에게 야훼의 말씀이 임했다. 스가랴는 이스라엘 백성들에게 조상들의 악한 행위를 떠나서 야훼께로 돌아오라고 회개를 촉구한다.

2. 성전 재건 중의 메시지(1:7-8:23)

스가랴가 활동한 역사적 배경
선지자 학개 선지자와 동일하며 스가랴도 학개와 더불어 성전 건축을 신속하게 재개할 것을 촉구했다.

(1) 스가랴의 환상들(1:7-6:15)

① 스가랴의 8가지 환상들(1:7-6:15)

환상	제목(성경)	내용	상징
첫 번째	홍마 탄 사자 (1:8–17)	· 화석류나무 사이에 선 홍마 탄 사람 · 스가랴에게 말하는 천사의 선포	· 하나님이 이스라엘을 괴롭힌 열국을 심판하심 · 예루살렘 성전의 재건 · 시온의 위로와 축복
두 번째	네 뿔과 네 공장 (1:18–21)	· 네 뿔 · 네 명의 대장장이	· 유다와 이스라엘을 흩어버린 네 뿔, 즉 모든 세력들을 멸하심 · 그러한 세력들을 넘어뜨렸고 또 넘어뜨릴 민족들

환상	제목(성경)	내용	상징
세 번째	척량줄 잡은 천사(2:1–13)	· 척량줄 잡은 천사와 선지자의 예루살렘 성전에 대한 대화	· 예루살렘의 확장을 통해 드러나는 예루살렘의 번영과 안전 · 성전건축의 시작과 이스라엘 백성과 이방이 하나되어 하나님의 백성이 됨
네 번째	대제사장 여호수아 (3:1–10)	· 여호수아가 죄사함을 받고, 지도자로서 하나님의 명령과 약속을 받음	· 대제사장 여호수아의 죄의 용서와 직책의 보증 · 예루살렘에 대한 하나님의 사랑과 심판 이후의 긍휼
다섯 번째	순금 등잔대 (4:1–14)	· '등잔'의 불이 꺼지지 않도록 기름을 저장한 '주발'에서 기름을 공급함 · '주발'의 기름이 떨어지지 않도록 좌우편의 감람나무가 계속 기름을 공급함	· 성전 건축의 어려움에도 불구하고 성령의 능력으로 스룹바벨이 성전을 재건하리라는 하나님의 약속 · 두 감람나무는 정치적 지도자 스룹바벨과 대제사장 여호수아를 가리키며, 후자가 전자와 같은 위치에 있다는 것을 보여줌
여섯 번째	날아가는 두루마리 (5:1–4)	· 하나님께 범죄한 자는 두루마리(율법)에 기록된 대로 형벌을 받을 것임	· 성전 재건 사업도 중단된 어려운 경제적 여건에서 도적질과 재판과정에서의 위증의 위험이 많았을 것이고, 이러한 범죄에 대해 하나님께서 심판하심을 보여줌
일곱 번째	에바와 여인 (5:5–11)	· 악의 상징인 여인이 유다에서 곡식되는 말로 사용되는 에바 속에 갇혀 추방됨	· 죄의 양을 상징하는 에바와 죄의 뿌리인 악을 상징하는 여인이 하나님을 대적하는 모든 반역의 장소인 시날 땅으로 옮겨져서 제거됨을 보여줌
여덟 번째	네 병거 (6:1–8)	· 하나님의 보좌로부터 네 종류의 말들이 이끄는 네 병거가 나가 온 사방을 두루 다님	· 온 세계로 흩어진 하나님의 백성을 고국으로 데려오기 위한 하나님의 계획이 실현되고 있음을 상징적으로 나타냄
결론	여호수아의 면류관 (6:9–15)	· 여호수아에게 면류관이 씌워지는 까닭은 왕과 제사장되는 '싹'이라 이름하는 사람이 야훼의 전을 건축하며 먼 곳의 사람도 함께 이에 동참할 것임	· 대제사장 여호수아가 메시야의 예표로 왕관을 받고 성전건축의 명령을 받음 · 사람들의 기대와 달리 스룹바벨이 사라졌고 스룹바벨을 대신하여 야훼의 전을 건축할 다른 '싹'이 올 것에 대한 기대를 보여줌

(2) 금식에 관한 질문과 스가랴의 대답(7:1-8:23)

① 금식에 관한 대표자들의 질문(7:1-3)

- 다리오 왕 제4년 9월에 스가랴에게 임한 야훼의 말씀이다. 벧엘 사람들은 제사장과 선지자들에게 예루살렘 파괴를 상기하며 행하는 5월 중 금식을 실시해야 할지를 질문한다.

② 백성들의 위선과 참된 순종의 촉구(7:4-14)

- 하나님께서는 기존의 금식에 대해 하나님을 위한 것이 아니라, 자신들의 소원을 이루어내기 위한 것이었음을 지적하시며 책망하신다(7:4-6).
- 스가랴는 이전에 이스라엘 백성이 옛 선지자들을 통하여 외친 말씀을 듣지 않았기 때문에 재앙을 당한 것이었다고 지적하며 순종을 촉구한다(7:11-14).

③ 미래의 예루살렘의 구원(8:1-23)

- 야훼께서 시온에 돌아와 거하시면 예루살렘은 진리의 성읍이라 일컫게 되고, 번영하게 된다(8:1-5).
- 그 날에 만군의 야훼께서 이스라엘 백성을 구원하여 예루살렘 가운데 거주하게 하시며, 그들은 하나님의 백성이 되고 하나님은 진리와 공의로 그들의 하나님이 되신다(8:6-8).

스가랴
"야훼께서 기억하셨다" 라는 뜻으로 예레미야나 에스겔처럼 제사장 계열의 선지자

하나님이 원하시는 삶
하나님께서는 하나님의 말씀을 따르며, 이웃에게 인애와 긍휼을 베풀고, 약하고 가난한 자들을 돕는 것과 속이지 않는 것을 원하신다(7:9-10).

축복된 미래의 모습
유다 족속에게 선포된 축복된 미래의 모습은 금식의 절기들이 희락의 절기들이 될 것이고 많은 백성과 강대한 나라들이 예루살렘으로 와서 만군의 야훼를 찾고 야훼께 은혜를 구하게 되는 것이다(8:18-23).

3. 성전 재건 후의 메시지(9:1-14:21)

스가랴의 메시아에 대한 예언
순(3:8)
종(3:8)
왕과 제사장(6:3)
나귀타고 입성(9:9)
선한 목자(9:16; 11:11)
은 삼십 개에 팔리심(11:12-13)
십자가에 못박히심(12:10)
영원한 통치자(14:9)

(1) 미래에 대한 경고(9:1-14:21)

① 도래할 왕과 이스라엘과 유다의 구원(9:1-11:17)

- 이방의 심판과 유다의 구원(9:1-8): 하나님의 심판으로 인해 이방 도시들이 정복당하게 되지만, 하나님은 이스라엘을 지켜 주신다.
- 나귀 새끼를 타고 임하신 왕(9:9-17): 모든 왕들과 다른 한 왕은 예수님의 예루살렘 입성을 통해서 분명히 이루어졌다(마 21:4-5; 요 12:14-15).
- 이스라엘에 대한 경고와 구원의 약속(10:1-12): 하나님께서는 이방의 압제자들(목자들)과 그들을 지지하는 자들(숫염소들)을 벌하시고, 유다 족속과 요셉 족속을 무장시키시고 끌려 갔던 곳으로부터 구원하여 본토로 돌아오게 하신다(10:3-12).
- 배척받는 메시야(11:1-17): 합당한 대우를 받아야 할 참 목자에게 백성들은 노예 한 사람의 값에 해당하는 하찮은 금액인 은 삼십 개를 준다.

메시아에 대한 잘못과 심판
은 삼십 개를 받은 참 목자는 그 돈을 야훼의 전에서 토기장이에게 던지고 연합의 막대기를 꺾었다. 이것은 하나님의 백성 자체가 나누어지는 것을 의미한다(11:12-14).

② 예루살렘을 위한 전쟁과 열방의 순례(12:1-14:21)

- 예루살렘의 구원과 영적 회복(12:1-14): 마지막 때에 하나님을 신뢰하는 하나님의 백성은 결국 승리자가 되며 12:1-9), 참 목자이신 메시야를 배척하고 죽인 것을 뉘우

치고 애통한다(12:10-14).

- 하나님 백성의 성결과 연단(13:1-9): 그 날에 죄와 더러움을 씻는 샘이 열리며(13:1-6), 삼분의 일의 남은 자들은 불 가운데에 던져져 정화를 위한 연단의 시험을 받게 된다(13:7-9).
- 예루살렘 구원의 완성과 이방 나라들의 심판(14:1-21): 야훼의 날에 야훼께서 성읍이 함락 당하고 백성이 사로잡혀 가게 하시지만 결국 이방 나라들을 심판하시고 승리하신다(14:1-5).

메시야는 죽을 양떼를 돌보라는 사명을 받고 양떼를 불쌍히 여겨 돌보지만 목자들뿐 아니라 양떼도 메시야를 싫어한다. 이에 메시야는 은총이라는 막대기를 꺾는데, 이는 하나님의 언약을 취소하신다는 것을 뜻한다(11:4-11).

스가랴의 적용과 실천

우리의 삶에서 하나님과의 관계가 소홀하게 되지 않도록 조심해야 할 부분은 어떤 것입니까(1:4-6)?

우리의 예배, 금식, 섬김, 학업은 하나님을 위한 것입니까(7:5)?

과거로 인해 슬퍼하고 금식하기 보다는 매일 매일의 삶을 하나님의 영광을 위해 살며 그 분의 선하심을 찬양해야 합니다.

스가랴(1~14장) 읽기

주일	월	화	수	목	금	토
1:1-2:13	3:1-4:14	5:1-6:15	7:1-8:21	9:1-10:12	11:1-12:14	13:1-14:21

말라기

"너희는 내가 호렙에서 온 이스라엘을 위하여 내 종 모세에게 명령한 법 곧 율례와 법도를 기억하라" (말 4:4)

기록목적 이스라엘 백성들은 성전이 재건된 후 기대했던 영광스러운 하나님의 나라가 이루어지지 않자 실망과 좌절에 빠졌고, 이것은 외적으로 예배에 소홀한 모습으로 드러났다. 말라기 시대에 제사장들은 타락했으며(1:6-2:9), 일반 백성들은 십일조와 헌물을 소홀히 하였고(3:7-12), 이방 여인과 결혼하는 죄악을 저질렀다(2:10-16). 이러한 상황에서, 말라기서는 그러한 죄에 대한 하나님의 심판을 경고하고 회개를 촉구하고 말씀을 준행하며 하나님을 경외하도록 하기 위해 기록되었다.

저　　자 말라기

특　　징
- 의문문 형태의 논쟁적인 대화 방법을 도입하여 서로 질문과 대답을 교환하는 형태로 예언을 전달한다.
- 어렵고 고통스러운 환경 속에서 레위의 언약을 기억하고 야훼를 신실하게 경외하는 자들이 의인임을 밝히면서 신앙의 순수성을 회복하기를 촉구한다.
- 성전 예배의 존재와 형식뿐 아니라 예배의 태도와 정신도 중요함을 보여준다.
- 주의 날은 종말론적인 심판을 통해 악인과 의인이 구별되고, 야훼의 공의가 해같이 빛나는 날이다.

내·용·분·해

대분류	소분류	주요 내용
1. 하나님의 사랑과 공의를 의심하는 백성에 대한 하나님의 심판 경고(1:1–4:6)	(1) 하나님의 사랑에 대한 확증(1:1–5)	① 하나님의 사랑에 대한 의심을 반박
	(2) 제사장들에 대한 하나님의 책망(1:6–2:9)	① 제사장들의 불경건한 제사와 잘못된 가르침에 대한 책망
	(3) 혼합결혼과 이혼에 대한 경고(2:10–16)	① 백성들의 언약 파기에 대한 책망
	(4) 하나님의 공의를 의심하는 자들에 대한 책망(2:17–3:6)	① 임박한 하나님의 심판
	(5) 십일조를 드리지 않는 자들에 대한 책망(3:7–12)	① 온전한 십일조에 대한 촉구
	(6) 낙심한 자들에 대한 최종 경고(3:13–4:3)	① 야훼의 날과 야훼를 경외하는 자들의 구분
	(7) 율법에 대한 순종 권고와 엘리야의 파송 예고(4:4–6)	① 모세 율법에 대한 순종과 엘리야의 도래

내·용·연·구

1. 하나님의 사랑과 공의를 의심하는 백성에 대한 하나님의 심판 경고(1:1-4:6)

"야훼께서 말라기를 통하여 이스라엘에게 말씀하신 경고라"(말 1:1)

(1) 하나님의 사랑에 대한 확증(1:1-5)

① 하나님의 사랑에 대한 의심을 반박(1:1-5)

- 하나님의 사랑에 대해 의문을 가지면서 그 증거를 묻는 이스라엘 백성들에게 예언자 말라기는 야곱과 에서에 관한 역사, 특별히 에돔의 멸망을 들어 하나님의 사랑을 확증한다.

말라기(말 1:1)
'나의 사자' 라는 뜻. 말라기는 성전이 재건된 후 학개, 스가랴 선지자 등이 예언한 영광스러운 하나님의 나라가 이루어지지 않은 때에 활동했다.

(2) 제사장들에 대한 하나님의 책망(1:6-2:9)

① 제사장들의 불경건한 제사와 잘못된 가르침에 대한 책망(1:6-2:9)

제사장들이 지은 죄 (1:6-14; 2:8-9)	죄에 대한 심판 (2:1-4,9)	참 제사장의 모습 (2:5-7)
· 제사장들은 하나님을 공경하거나 두려워하지 않고 주님의 이름을 멸시함 · 제물로는 더러운 떡, 즉 눈먼 희생 제물, 저는 것, 병든 것, 훔친 것, 흠 있는 것으로 속여 드려 야훼의 제단(식탁)을 더럽힘 · 제사 직분을 번거롭게 여기고 코웃음을 침 · 레위의 언약을 깨뜨려 율법을 거스르게 하고 율법을 행할 때 사람에게 치우치게 하였음	· 제사장들의 복을 저주하고 그들의 자손을 꾸짖으시며, 제하여 버리실 것임	· 레위와 세운 생명과 평강의 언약이 항상 있게 되도록 – 하나님을 경외하고 하나님의 이름을 두려워 해야 함 – 입에는 진리의 법이 있고 입술에는 불의함이 없어야 함 – 화평함과 정직함으로 하나님과 동행하고 사람들을 죄악에서 떠나게 해야 함

이스라엘 백성들은 이방인과 결혼이 율법에 금지되어 있음(출 34:12-16)

(3) 혼합결혼과 이혼에 대한 경고(2:10-16)

① 백성들의 언약파기에 대한 책망(2:10-16)

- 백성들은 이방인과 결혼하여 하나님의 거룩성을 더렵혔다.
- 결혼은 하나님 앞에서 맺은 언약이므로 이혼하는 행위는 잘못된 것임을 지적하시고, 어떠한 예배행위도 받지 않으실 것임을 말씀하신다(2:13-16).

(4) 하나님의 공의를 의심하는 자들에 대한 책망(2:17-3:6)

① 임박한 하나님의 심판(2:17-3:6)

- 하나님의 정의가 어디 있느냐고 묻는 백성들에게, 야훼께서는 길을 준비할 사자가 파송될 것이고 갑자기 언약의 사자가 임할 것이라(2:17-3:1)고 말씀하신다.
- 하나님의 날은 레위 자손에게 임하고(3:2-4), 그 다음에는 죄인들을 심판하는 것으로 임하게 될 것이다. 하지만 야곱의 자손은 소멸되지 않는다(3:5-6).

십일조(말 3:8)
제사장의 생활을 위해 혹은 그 밖의 다른 종교적인 일을 위해 바치는 것으로 수입의 십분의 일(1/10)을 하나님의 것으로 드리는 것

(5) 십일조를 드리지 않는 자들에 대한 책망(3:7-12)

① 온전한 십일조에 대한 촉구(3:7-12)

- 이스라엘 백성들은 '하나님의 것', 즉 '십일조'와 '봉헌물'을 도둑질하였으므로 저주를 받았다(3:7-9).
- 하나님께서는 유다 백성들이 헌물을 온전하게 드리면

넘치는 복을 내려주신다고 말씀하신다(3:8-12).

② 야훼의 날과 야훼를 경외하는 자들의 구분(3:13-4:3)

- 하나님께서는 사람들이 말한 것을 기억하시고, 기념책에 기록하셔서 그 말한 대로 보응하신다.

부류	의인	악인
의미	야훼를 경외하고 그 이름을 존중히 여기는 자	교만하고 악을 행하는 자
분깃	야훼 앞에 있는 기념책에 기록하실 것이며 특별한 소유로 삼고 아끼실 것임(3:16-17) 하나님의 이름을 경외하는 이들에게는 공의로운 해가 떠올라서 치료의 광선을 비추시면 그들은 외양간에서 나온 송아지 같이 뛸 것이며 또 악인을 밟을 것임(4:2-3)	· 지푸라기 같을 것이며 그 이르는 날에 그들을 살라 그 뿌리와 가지를 남기지 않을 것임(4:1) · 의인의 발바닥 밑에 재와 같을 것임(4:3)

(7) 모세의 율법에 대한 순종 권고와 엘리야의 파송 예고 (4:4-6)

① 모세의 율법에 대한 순종과 엘리야의 도래(4:4-6)

- 하나님께서는 이스라엘 백성이 모세에게 명령한 율례와 법도를 기억해야 하며(4:4), '야훼의 크고 두려운 날'이 이르기 전에 엘리야가 다시 와서 아버지의 마음을 자녀에게로, 자녀들의 마음을 그들의 아버지에게로 돌이키게 할 것이라고 말씀하신다(4:5-6).

말라기의 적용과 실천

말라기 선지자는 타락한 이스라엘 백성들을 향해 영적 습관을 다시 새롭게 할 것을 권면했습니다. 그렇다면 우리의 영적 습관은 어떠합니까(3:7)?

하나님 앞에 드려야 할 헌물에 대한 우리의 태도는 어떠합니까(3:10-12)?

예배 중심의 삶은 중요합니다. 왜냐하면 예배 중에 우리가 성령님의 임재를 인정하고 그분의 인도하심에 순종하는 믿음으로 응답하기 때문입니다.

말라기(1~4장) 읽기

주일	월	화	수	목	금	토
1:1-14	2:1-17	3:1-18	4:1-6			

하 · 나 · 님 · 의 · 말 · 씀